POLONO-GERMANICA 6

Schriften der Kommission
für die Geschichte
der Deutschen in Polen e.V.

Markus Krzoska (Hg.)

Zwischen Glaube und Nation?

Beiträge zur
Religionsgeschichte Ostmitteleuropas
im langen 19. Jahrhundert

Martin Meidenbauer »

Markus Krzoska ist wissenschaftlicher Mitarbeiter
an der Justus-Liebig-Universität Gießen und von
April bis September 2011 Fellow am Imre Kertész Kolleg
der Friedrich-Schiller-Universität Jena.

Bibliografische Information der Deutschen
Nationalbibliothek
Die Deutsche Nationalbibliothek verzeichnet
diese Publikation in der Deutschen
Nationalbibliografie; detaillierte
bibliografische Daten sind im Internet
über http://dnb.d-nb.de abrufbar.

© 2011 Martin Meidenbauer
Verlagsbuchhandlung, München

Umschlagabbildung: © stadelpeter - Fotolia.com

Alle Rechte vorbehalten. Dieses Werk
einschließlich aller seiner Teile ist
urheberrechtlich geschützt. Jede Verwertung
außerhalb der Grenzen des Urhebergesetzes
ohne schriftliche Zustimmung des Verlages ist
unzulässig und strafbar. Das gilt insbesondere
für Nachdruck, auch auszugsweise, Reproduktion,
Vervielfältigung, Übersetzung, Mikroverfilmung
sowie Digitalisierung oder Einspeicherung
und Verarbeitung auf Tonträgern und in
elektronischen Systemen aller Art.

ISBN 978-3-89975-250-2
Verlagsverzeichnis schickt gern:
Martin Meidenbauer Verlagsbuchhandlung
Schwanthalerstr. 81
D-80336 München

www.m-verlag.net

INHALTSVERZEICHNIS

Vorwort 7

Hans-Jürgen BÖMELBURG: „Church-building" im östlichen Europa. Ein komplementärer Ansatz zur Beschreibung von Vergemeinschaftung im östlichen Europa: Die „Volkskirchen" in Polen und den baltischen Ländern 11

Anja WILHELMI: Religiöse Praktiken im Alltag deutschbaltischer Familien. Schilderungen weiblicher Familienmitglieder (19. Jahrhundert) 35

Ragna BODEN: Konflikte der Moderne – Religion als Argument in den Familiendiskursen der Deutschbalten 57

Sebastian RIMESTAD: Die Russische Orthodoxe Kirche in den Ostseeprovinzen und den Nordwestprovinzen im Vergleich (1830-1917) 71

Stefan DYROFF: Protestantischer Kirchenbau in der Provinz Posen im langen 19. Jahrhundert. Von der Nachahmung des Zentrums zum „Versuchsfeld" moderner konfessioneller Architektur? 87

Marlene KLATT: Die Haskala in Städten der nordosteuropäischen Grenzregion 105

Ewelina SOKOŁOWSKA: Gesellschaftliche und katholische Organisationen im Ermland in den Jahren 1848—1914 unter besonderer Berücksichtigung des Ermländischen Bauernvereins 125

Jochen ENDERS: Myśl Niepodległa –
Organisationsplattform und Impulsgeber eines
konfessionsfreien Lebens in den Jahren 1906-1908   139

Autoren   169

VORWORT

Im allgemeinen wissenschaftlichen und außerwissenschaftlichen Verständnis galten lange Zeit die massive Industrialisierung im Zusammenhang mit der sich deswegen dramatisch verschärfenden sozialen Frage sowie der massiv an Bedeutung gewinnende nationale Aspekt als die entscheidenden Entwicklungen im Europa der zweiten Hälfte des 19. Jahrhunderts. Dies wird auch angesichts des ökonomischen und demographischen Take-Offs bzw. des immer weitere Bevölkerungsteile erfassenden nationalen Interpretaments nicht anzuzweifeln sein, doch hat die Forschung der letzten Jahre gezeigt, dass auch traditionelle Verhaltensmuster und Lebensgewohnheiten weiterwirken. In der Alltagsgeschichte besaß nach wie vor die Religion ihren wichtigen Stellenwert.

Es wäre nun vermessen, im Rahmen des vorliegenden Bandes allgemeingültige Aussagen zur Entwicklung und dem Zusammenhang von Glauben und Nation in Ostmitteleuropa im langen 19. Jahrhundert zu treffen. Hier fehlt es bisher an vielen grundlegenden Studien, die es ermöglichen würden, eine synthetische Darstellung auf gesicherter Quellen- und Forschungsbasis durchzuführen. Ziel der gemeinsam von der Kommission für die Geschichte der Deutschen in Polen e.V. und dem Historischen Verein Ermland e.V. vom 3. bis 5. April 2009 in Gießen durchgeführten Tagung war es daher eher, jüngeren Wissenschaftlerinnen und Wissenschaftlern die Möglichkeit zu geben, ihre Forschungsergebnisse zu präsentieren und regionenübergreifend allgemeinere Fragestellungen zu diskutieren.

Ein Teil dieser Beiträge sind in diesem Buch abgedruckt, weitere Ergebnisse damaliger Referenten sind in der Zwischenzeit an anderer Stelle erschienen oder werden in Kürze erscheinen.[1]

Welches Potenzial die Forschungen zur Religionsgeschichte Ostmitteleuropas im 19. Jahrhundert haben, zeigen Hans-Jürgen Bömelburgs Thesen zum „Church-building" vor dem Hintergrund

---

[1] Relinde Meiwes, Von Ostpreußen in die Welt: die Geschichte der ermländischen Katharinenschwestern (1772-1914), Paderborn (u.a.) 2011; Maximilian Eiden, Das Nachleben der schlesischen Piasten: dynastische Tradition und moderne Erinnerungskultur vom 17. bis 20. Jahrhundert, Köln (u.a.) 2011.

der Entwicklungen innerhalb der katholischen Kirche Polens sowie den evangelischen Kirchen Est- und Livlands. Die Konfliktlinien zwischen dem (hohen) Klerus und den Gläubigen wurden teilweise aus nationalen, teilweise aus sozial-gesellschaftlichen Gründe immer deutlicher und äußerten sich mitunter in Abspaltungstendenzen. Hier wäre es angebracht, die Forschungen zu anderen Regionen zu vertiefen, um zu klären, ob es sich hierbei tatsächlich um eine Konfessionalisierung im deutschen Verständnis handelte oder um ein Phänomen, das man letztlich anders definieren müsste.

Anja Wilhelmi untersucht in ihrem Beitrag das religiöse Verhalten von Frauen im familiären Alltag von Deutschbalten. Zwar ist es nicht weiter überraschend, dass bestimmte ritualisierte Praxen eine große Bedeutung hatten, auch wenn sie im Laufe des 19. Jahrhunderts weniger wichtig wurden, allerdings zeigt sich auch, dass diese vor allem im Rückblick oft wenig positiv erinnert wurden. Dies gilt vor allem für die Vermittlung des religiösen Wissens, das zumeist über die Väter vermittelt wurde, während die Mütter für praktische Glaubensfragen zuständig waren.

Dass letztlich doch deutliche Modernisierungsprozesse einsetzten, zeigt Ragna Bodens Untersuchung über Religion als Argument in deutschbaltischen Familiendiskursen. Insbesondere das familiäre Rollenverhalten unterlag einem langsamen, aber doch spürbaren Wandel, wenn religiöse Deutungen nicht nur zur wertkonservativen Festigung traditioneller Muster dienen, sondern auch dazu eingesetzt werden können, etwa um zu rechtfertigen, dass Frauen einem Beruf nachgehen bzw. ihr eigenes Geld verdienen. Dies galt umso mehr, wenn sie nicht verheiratet waren.

Wie viel in der zweiten Hälfte des 19. Jahrhunderts in Bewegung geriet, zeigt Sebastian Rimestads Text über die Russisch-Orthodoxe Kirche in den russländischen Ostsee- und Nordwestprovinzen. Zum einen werden hier die Unterschiede zwischen den Entwicklungen im Baltikum und in den ehemals polnischen Gebieten deutlich. In beiden Fällen kann man aber erkennen, wie wenig Eigeninitiative von den Kirchenoberen ausging, und dass es eher die staatlichen Stellen und Priester „von unten" waren, die den orthodoxen Faktor innerhalb der Teilgesellschaften stärken wollten. Die

Vorwort

Hilflosigkeit der Kirchenführung angesichts der verschiedenen Konversionswellen passt in diesen Gesamtbefund.

Stefan Dyroffs Blick richtet sich auf die Kirchenarchitektur in der Provinz Posen. Dieses vermeintlich am Rande der gesellschaftlichen Verwerfungen befindliche Thema erweist sich letztlich jedoch als besonders gut geeignet, um zu zeigen, dass nicht alle Prozesse hin zu einer unwiderruflichen „Nationalisierung des Glaubens" führten. Zwar lassen sich auch im protestantischen Kirchenbau unter Mitwirkung staatlicher Akteure Tendenzen hin zu einer Konfessionalisierung erkennen, doch wird bei genauerer Betrachtung, dass zwar gerne und häufig national argumentiert wurde, in der Praxis aber Fragen der Kosten oder der Durchsetzung von Herrschaft eine mindestens genauso wichtige Rolle spielten.

Dass eine gewohnte Perspektive mitunter die historischen Realitäten nur bedingt wieder gibt, zeigt Marlene Klatts Beitrag zur Rolle der jüdischen Aufklärung in Ostmitteleuropa. Zwar ist es nicht zu leugnen, dass die Haskala an vielen Orten Erfolge zeitigte und westliche Einflüsse ins religiöse Leben mancher Gemeinden brachte, doch sollte ihr modernisierender Anteil in Bezug auf alle Gläubigen auch nicht überschätzt werden. Die meisten Ostjuden waren von dieser Entwicklung eher wenig betroffen; die Widerstände vor Ort verhinderten häufig die Umsetzung von Reformvorschlägen. Hinzu kam die massive Abwanderung von Juden aus der Region, die das jüdische Leben viel stärker beeinflusste als innerreligiöse Diskussionen.

Ewelina Sokołowska wendet sich in ihrem Text der Rolle katholischer gesellschaftlicher Organisationen im Ermland zu und hat dabei vor allem die Tätigkeit des Bauernvereins vor Augen, den sie auf der Grundlage von Archivmaterialien genauer untersucht. Sichtbar wird hier vor allem die enge Verknüpfung mit sozialen und Alltagsfragen. Nach dem Vorbild im Westen des Reiches entstandener Vereine versuchte man auch hier religiöses Gedankengut für Zwecke des praktischen Wirtschaftslebens nutzbar zu machen.

Jochen Enders schließlich beschäftigt sich mit dem Sonderfall der nicht konfessionell gebundenen, freireligiösen Zeitschrift „Myśl Niepodlegla" und deren charismatischen Gründer Andrzej Niemojewski. Sichtbar wird hierbei neben den konkreten Abläufen einer freikirchlichen Struktur besonders die starke europaweite Vernetzung des Projekts. Zwar scheiterten die ambitionierten Bestrebungen letztlich, doch besaßen sie maßgeblichen Einfluss auf spätere, in eine ähnliche Richtung gehende Projekte und zeigen auf, dass die kanonische Vorstellung von Polen als einem von der römisch-katholischen Kirche dominierten Land doch nicht in allen Bereichen zutrifft.

Der Dank des Herausgebers gilt wie inzwischen schon zur Tradition geworden dem Herder-Institut Marburg, das die Durchführung der Tagung und die Drucklegung der Ergebnisse ermöglicht hat, dem Historischen Verein Ermland, insbesondere Herrn Dr. Hans-Jürgen Karp, für die Mitwirkung an der Tagung, dem Gießener Zentrum Östliches Europa für eine finanzielle Beteiligung sowie dem Martin Meidenbauer Verlag für die unkomplizierte Zusammenarbeit bei der Erstellung des Bandes.

Jena, im April 2011

Markus Krzoska

Hans-Jürgen Bömelburg

"CHURCH-BUILDING" – EIN KOMPLEMENTÄRER ANSATZ ZUR
BESCHREIBUNG VON VERGEMEINSCHAFTUNG IM ÖSTLICHEN
EUROPA. DIE „VOLKSKIRCHEN" IN POLEN UND DEN BALTISCHEN
LÄNDERN

„Hinsichtlich Ostmittel- und Südosteuropa scheint es besonders plausibel, eine hochgradige Verschränkung von Nation und Konfession anzunehmen"[1] – so leitete der Münchner Osteuropahistoriker Martin Schulze Wessel einen Beitrag über den Stellenwert von Religion für das tschechische Fallbeispiel im 19. Jahrhundert ein. Gestritten wird in der deutschen Forschung seit 15 Jahren über die Frage einer „zweiten Konfessionalisierung", eines „zweiten konfessionellen Zeitalters" (Olaf Blaschke) zwischen 1830 und 1930,[2] einer Epoche, in der Religion wieder an Bedeutung gewann, die Kirchen große Anstrengungen unternahmen, ihre Milieus zu erneuern und ihre Lehren einheitlich zu gestalten, Konfessionalität für die Selbstdefinition von Staaten eine Rolle spielte und Konflikte zwischen den Bekenntnissen an Gewicht gewannen.

Dagegen sind Einwände vorgebracht worden, wohl besonders schwerwiegend ist die Einsicht, dass die Bedeutung des Religiösen nur im Verhältnis zu anderen Kategorien wie „Ethnizität, Zugehörigkeit zu sozialen Schichten und Geschlecht" begriffen werden kann.[3]

---

[1] Martin Schulze Wessel, Die Konfessionalisierung der tschechischen Nation, in: Nation und Religion in Europa. Mehrkonfessionelle Gesellschaften im 19. und 20. Jahrhundert. Frankfurt am Main; New York 2004, S. 113-149, hier 135.
[2] Olaf Blaschke, Das 19. Jahrhundert: Ein Zweites Konfessionelles Zeitalter?, in: Geschichte und Gesellschaft 26 (2000), S. 38-75; Konfessionen im Konflikt: Deutschland zwischen 1800 und 1970: ein zweites konfessionelles Zeitalter, hrsg. v. Olaf Blaschke. Göttingen 2002; Olaf Blaschke, Abschied von der Säkularisierungslegende. Daten zur Karrierekurve der Religion (1800-1970) im zweiten konfessionellen Zeitalter: eine Parabel, in: zeitenblicke 5 (2006), Nr. 1 [04.04.2006], URL: http://www.zeitenblicke.de/2006/1/Blaschke/index_html, URN: urn:nbn:de:0009-9-2691 (15.03.2011).
[3] Martin Schulze Wessel, Das 19. Jahrhundert als „Zweites Konfessionelles Zeitalter"? Thesen zur Religionsgeschichte der böhmischen Länder in europäischer Hin-

Weiterhin ist die sehr stark am deutschen frühneuzeitlichen Konfessionalisierungsparadigma ausgerichtete Begriffsbildung nicht vermittelbar, da dieses sich international nur teilweise durchgesetzt hat. Wenn schon „Konfessionalisierung" als gesamteuropäisches Phänomen fraglich ist, sollte auf den darauf aufbauenden Begriff einer „zweiten Konfessionalisierung" verzichtet werden.

Die östliche Hälfte Europas spielte in dieser Diskussion über den Stellenwert des Religiösen im langen 19. Jahrhundert bisher nur eine geringe Rolle.[4] Dies hat quellenkundliche, methodische und wissensbasierte Ursachen: Insbesondere für das Russländische Reich sind vor 1900 Statistiken über Kirchgang und Frömmigkeitspraxen kaum verfügbar und vorliegende Statistiken etwa zur Produktion religiöser Literatur infolge der bis 1905 scharfen Zensur von zweifelhaftem Aussagewert.[5] Die Zäsur der Revolutionen von 1917 und die folgenden antikirchkirchlichen Maßnahmen vernichteten in erheblichem Ausmaß Quellenbestände und Wissen. Zugleich sind außerhalb der einzelnen Nationalgesellschaften des östlichen Europa die Kenntnisse über die komplexe multikonfessionelle Struktur der Großregion Ostmitteleuropa im 19. Jahrhundert gering und die im östlichen Europa nach 1989/91 wiederbelebte Kirchengeschichte arbeitet häufig traditionalistisch ohne ein Aufgreifen moderner Fragestellungen.

Im Folgenden soll vor dem Hintergrund der Frage nach dem Verhältnis zwischen Konfession und Nation der Stellenwert der Religion für die Kulturgeschichte des ostmitteleuropäischen 19. Jahr-

---

sicht, in: Zeitschrift für Ostmitteleuropaforschung 51 (2002), Nr. 2, S. 514-529, hier 519.
[4] Eine Ausnahme bilden die Studien von John-Paul Himka zum engen Verhältnis von griechisch-katholischem -Klerus und ukrainischer Nationalbewegung vgl.: John-Paul Himka, The Greek Catholic Church and Ukrainian society in Austrian Galicia, Cambridge, Mass. 1986; ders., Religion and Nationality in Western Ukraine. The Greek Catholic Church and the Ruthenian National Movement in Galicia, 1867-1900, Montreal 1999.
[5] Grundsätzlich zur russländischen Religionsgeschichte: Martin Schulze Wessel, Religion und Politik. Überlegungen zur modernen Religionsgeschichte Russlands als Teil einer Religionsgeschichte Europas, in: Religion und Gesellschaft. Europa im 20. Jahrhundert, hrsg. v. Friedrich Wilhelm Graf / Klaus Große Kracht, Köln 2007, S. 125-150.

hunderts schlaglichtartig neu beleuchtet werden. Unbestritten ist, dass es sich hierbei für das multikonfessionelle und multinationale Ostmitteleuropa um ein zentrales Problem handelt, die Frage nach dem Wechselverhältnis von religiösem Bekenntnis und nationaler Identifikation kann geradezu als strukturbildende Konstellation der Großregion herausgestellt werden.[6] Vorarbeiten liegen dafür nur in begrenztem Maße vor: Die traditionsreiche Forschung zum „Nation-building" – eines der Paradigmen, bei denen ostmitteleuropäische Historiographien, etwa durch die Konzeptionalisierung des tschechischen Historikers Miroslav Hroch,[7] internationale Bedeutung besitzen – betont sprachliche, bildungsgeschichtliche sowie emanzipatorische Faktoren und rückt die Rolle säkularer Eliten in den Vordergrund. Den Geistlichen kommt nach Hroch die Rolle von „Vehikeln der sozialen Kommunikation" zu, konfessionellen Faktoren wird jedoch keine prägende Bedeutung für die nationale Formierung zugeschrieben, wobei historiographisch die Entstehung des Konzepts im Realsozialismus berücksichtigt werden muss.[8] In den letzten 15 Jahren ist dieses Konzept aus religionsgeschichtlicher Sicht nicht vergleichend in Frage gestellt worden. Auch die – großregional durch Nachholbedarf geprägte – kirchenhistorische Forschung zu Ostmitteleuropa hat die Verschränkung des Kirchen- und Nationsbegriffs bisher in erster Linie für den Fall Böhmen auf die eigene Forschungsagenda gesetzt,[9] vielfach aber lediglich wie im polnischen

---

[6] Rudolf Jaworski, Konfession als Faktor nationaler Identifikationsprozesse in Ostmitteleuropa im 19. und zu Beginn des 20. Jahrhunderts, in: Pluralitäten, Religionen und kulturelle Codes, hrsg. v. Moritz Csáky / Klaus Zeyringer, Innsbruck [u.a.] 2001, S. 133-149; ders., Konfession und Nation in Ostmitteleuropa im langen 19. Jahrhundert, in: Moderní dějiny 12 (2004), S. 5-19.
[7] Miroslav Hroch, Die Vorkämpfer der nationalen Bewegungen bei den kleinen Völkern Europas. Eine vergleichende Analyse zur gesellschaftlichen Schichtung der patriotischen Gruppen, Praha 1968.
[8] Hroch änderte die Theoriebildung allerdings auch nach 1989 nicht: Miroslav Hroch, Das Europa der Nationen. Die moderne Nationsbildung im europäischen Vergleich, Göttingen 2005.
[9] Handbuch der Religions- und Kirchengeschichte der böhmischen Länder und Tschechiens im 20. Jahrhundert, hrsg. v. Martin Schulze Wessel / Martin Zückert, München 2009.

Fall als evidente und nicht erläuterungsbedürftige Tatsache vorausgesetzt.[10]

In diesem Beitrag soll ein in mancher Hinsicht zum gängigen „Nation-building" komplementärer Forschungsansatz eines „Church-building" unter Berücksichtigung neuerer religionssoziologischer Fragestellungen anhand von zwei, stark voneinander abweichenden Fallbeispielen aus Ostmitteleuropa diskutiert werden: Zunächst geht es um die Verschränkung von Katholizismus und Volkskirche unter der polnischen Bevölkerung, ein Beispiel für die Variante einer „Konfessionsnation", in der die Virulenz des Konfessionellen noch erhöht werden konnte, wo sich konfessionelle und ethnische Grenzen überlagerten und konfessionelle Differenz auch eine nationale Abgrenzung plausibel erscheinen lassen konnte. Das zweite Beispiel widmet sich den protestantischen Kirchen Est-, Liv- und Kurlands, modern gesprochen Estlands und Lettlands, wo noch zu Beginn des zweiten Drittels des 19. Jahrhunderts die gesamte Bevölkerung – deutschsprachige Eliten wie die estnische und lettische Bauernbevölkerung – in *eine* evangelisch-lutherische Kirchenorganisation eingebunden war und nationale Differenzen konfessionell eingehegt geblieben waren.

Knapp zur Terminologie: Der Begriff der Volkskirche geht auf den biblischen „Volk Gottes"-Begriff zurück und wird in allen jüdisch-christlichen Theologien mehr oder minder exponiert verwandt und im 19. Jahrhundert vor allem in der protestantischen Ekklesiologie zu einem Leitbegriff ausgebaut. Neben der wiederholten Erwähnung des „Volk Gottes" im Alten Testament finden sich auch im Neuen Testament Bezüge,[11] die für die theologische Legitimierung

---

[10] Vgl. die monumentale, aber unkritische Arbeit von Paweł Kubicki, Bojownicy kapłani za sprawę Kościoła i Ojczyzny w latach 1861-1915. Materiały z urzędowych świadectw władz rosyjskich, archiwów konsystorskich, zakonnych i prywatnych [Kämpfende Priester für die Sache der Kirche und des Vaterlandes 1861-1915. Materialien aus behördlichen Berichten der russländischen Regierung, Konsistorial-, Ordens- und Privatarchiven]. 3 Teile in 9 Bänden, Sandomierz 1933-1939.
[11] „Die Völker sollen dich preisen, Gott, es sollen dich preisen die Völker alle! Nationen sollen sich freuen und jubeln; denn du regierst die Völker gerecht und lenkst die Nationen auf Erden. Die Völker sollen dich preisen, Gott, es sollen dich preisen die Völker alle!" (Psalm 67, 4-6). – „Und es werden sich versammeln vor

Church-building

einer Volkskirche immer wieder angeführt wurden. Einige Passagen aus der paulinischen Theologie[12] wurden dagegen immer wieder von Befürwortern multinationaler Kirchen angeführt.

Sichtbar wird hier bereits, dass dem Begriff der Volkskirche eine Unschärfe zu eigen ist, analytisch müssen neben der ekklesiologischen Dimension zumindest zwei Begriffsebenen unterschieden werden: Einerseits wird die volksmissionarische Reichweite des Begriffs – etwa in der protestantischen Inneren Mission – gegen die Landes- und Amtskirche betont. Zweitens wird „Volkskirche" im Sinn von Nationalkirche als „Kirche eines Volkes" verwandt, ins Deutsche wurde der Begriff von Schleiermacher unter Einfluss Herders eingeführt und seitdem mit besonderer Frequenz a) in den 1870er Jahren, b) vor und nach dem Ersten Weltkrieg und c) in den 1930er Jahren verwandt.

Diese nahezu beliebige Verwendbarkeit als Dachbegriff macht ihn in besonderem Maße ideologieanfällig, zum Zwecke einer analytischen Trennung wird die Verbindung von Kirchenorganisation, Kirchenvolk und Nation zu einem imaginierten Ganzen deshalb in der religionssoziologischen Forschung als „Church-building" bezeichnet; andere Kirchenhistoriker sprechen von einer „Epoche einer neuen Kirchwerdung".[13] Dieser Ansatz betont – abgesetzt gegen „Nation-building" – das Eigengewicht des Religiös-Kirchlichen. Verbunden ist diese Verkirchlichung mit einer Reorganisation von

---

ihm alle Völker, und er wird sie voneinander scheiden, wie der Hirt die Schafe von den Böcken scheidet." (Matthäus, 25, 32). – „Geht darum hin und macht alle Völker zu Jüngern, indem ihr sie tauft auf den Namen des Vaters und des Sohnes und des Heiligen Geistes (Matthäus, 28, 19). – „Ihr aber seid ‚ein auserwähltes Geschlecht', ‚eine königliche Priesterschaft, ein geheiligtes Volk', ‚ein Volk, das dazu erworben wurde, damit ihr die Ruhmestaten dessen verkündet', der euch aus der Finsternis berufen hat in sein wunderbares Licht. Einst wart ihr ein Nicht-Volk, jetzt aber seid ihr Gottes Volk" (1 Petrus 2, 9-10).
[12] „Da gilt nicht mehr Jude und Hellene […] denn alle seid ihr eins in Christus." (Galater, 3, 28).
[13] Martin Friedrich, Das 19. Jahrhundert als „Zweites Konfessionelles Zeitalter"? Anmerkungen aus evangelisch-theologischer Sicht, in: Konfessionen im Konflikt (wie Anm. 2) S. 95-112, besonders 110-112; Versuch einer europaweiten Einordnung: Ders., Kirche im gesellschaftlichen Umbruch. Das 19. Jahrhundert, Göttingen 2006.

Pfarreien, der Reaktivierung des Christentums durch Diakonie, einer Institutionalisierung und Bürokratisierung sowie der Entwicklung neuer Frömmigkeitsformen. Strukturell handelt es sich hierbei um genuin moderne Formen einer kirchlichen Vergemeinschaftungspraxis, seien es neue massenwirksame Kultpraxen im Katholizismus, die das Entstehen supralokaler Bindungen beförderten oder Formen individualisierter Frömmigkeit im Protestantismus.

Prägend für diese Erneuerung kirchlicher Milieus und Lehren ist die Frontstellung gegen den Liberalismus, der sich zu einem liberalen Antiklerikalismus entwickelt und der in der ostmitteleuropäischen Realität etwa im Josefinismus oder preußischen Liberalismus im Gewand eines fremden Staatsapparats auftritt. Prägend sind religiös aufgeladene Weltanschauungskämpfe und konfessionelle Subgesellschaften. Diese Frontstellungen wie die Vergesellschaftung des Konfessionellen sind unter den ostmitteleuropäischen Bedingungen einer konfessionellen Gemengelage häufig konfliktfördernd, weil exkludierend. Verschärft wird dies durch die moderne Mobilität (Eisenbahn, Migration), die Bevölkerungsgruppen miteinander in Konflikt brachte, die bisher weitgehend separiert voneinander lebten.

1. Katholizismus, moderne Kirchwerdung und polnische Volkskirche

Historisch bestand eine enge Verbindung zwischen katholischer Kirchenorganisation und frühmodernem polnischem Staatsverband.[14] Nach den Teilungen Polen-Litauens wurden diese Verbindungen gekappt und die Kirchenorganisation den jeweiligen Behörden im Russländischen Reich[15] – seit 1832 mit Einbindung in die Reichskirchenverwaltung – in Preußen und in Österreich unterstellt. An dem

---

[14] Peter Kriedte, Katholizismus, Nationsbildung und verzögerte Säkularisierung in Polen, in: Säkularisierung, Dechristianisierung, Rechristianisierung im neuzeitlichen Europa. Bilanz und Perspektiven der Forschung, hrsg. v. Hartmut Lehmann, Göttingen 1997 (Veröffentlichungen des Max-Planck-Instituts für Geschichte, 130), S. 249-274.
[15] Anna Barańska, Między Warszawą, Petersburgiem i Rzymem. Kościół a państwo w dobie Królestwa Polskiego (1815-1830) [Zwischen Warschau, Petersburg und Rom. Die katholische Kirche und der Staat im Königreich Polen (1815-1830)], Lublin 2008.

Church-building

Aufstand 1830 nahmen vereinzelt katholische Geistliche teil,[16] während zugleich die höhere Geistlichkeit ihm abwartend gegenüberstand und im Nachhinein als „hinterlistigen Aufstand gegen die Obrigkeit" aus Loyalitätsgefühl und Revolutionsfurcht verurteilte und als Werk von verdorbenen Atheisten beschrieb.[17] Sichtbar wird hier die Distanz zwischen höherer Geistlichkeit und Pfarrklerus, die in der polnischen kirchengeschichtlichen Forschung selten hinreichend analysiert wird.

Zugleich knüpfte die während des Aufstandes entwickelte Rhetorik an religiöse Vorbilder an: Der Dichter Juliusz Słowacki (1809-1849) wandte sich in einer Hymne an die Jungfrau und Gottesgebärerin Maria und flehte, sie solle den Gesang des freien Volkes Gott zu Füßen legen.[18] Im Exil wandten sich die Romantiker dem Katholizismus zu und verschmolzen programmatisch nationale und religiöse Anliegen: Adam Mickiewiczs (1798-1855) „Bücher des polnischen Volkes und der polnischen Pilgerschaft" parallelisierten 1832 die Leiden des Volkes Gottes mit denen des polnischen Volkes:[19] „Und man peinigte das Polnische Volk zu Tode und legte es ins Grab, und die Könige riefen aus: Wir haben die Freiheit getötet und sie begra-

---

[16] Vgl. das Themenheft der Roczniki Humanistyczne 27 (1980), H. 2: Duchowieństwo a Powstania Listopadowe. Postawa patriotyczna i życie religijne [Die Geistlichkeit und der Novemberaufstand. Patriotische Einstellung und religiöses Leben]; Hanna Dylągowa, Duchowieństwo katolickie wobec sprawy narodowej (1764-1864) [Die katholische Geistlichkeit gegenüber der nationalen Frage], Lublin 1981.
[17] „Podstępny bunt przeciwko władzy" (der Bischof von Płock, Adam Prażmowski, 12.08.1833); „duch zawrotu i furii piekielnych organął zepsutych" [der Geist des Umsturzes und der höllischen Wut erfasste die Verdorbenen], Hirtenbrief des Bischofs von Podlachien Marceli Gutkowski, 30.01.1832, zit. nach Andrzej Wroński, Duchowieństwo i Kościół katolicki w Królestwie Polskim wobec sprawy narodowej w latach 1832-1860 [Geistlichkeit und katholische Kirche im Königreich Polen und die nationale Frage in den Jahren 1832-1860], Warszawa 1994, S. 52-65, hier 53-54.
[18] „Bogarodzico! Wolnego ludu spiew /Zanieś przed Boga tronu". Juliusz Słowacki, Hymn, zit. nach: www.juliuszslowacki.grupaphp.com/bogarodzicodziewico.php (15.03.2011).
[19] Adam Mickiewicz, Księgi narodu polskiego i pielgrzymstwa polskiego. Verfügbar unter: http://pl.wikisource.org/wiki/Księgi_narodu_polskiego_i_pielgrzymstwa_polskiego (15.03.2011).

ben. [...] Aber am dritten Tage kehrt die Seele wieder zurück in ihren Körper, und das Volk wird auferstehen und alle Völker Europas von der Sklaverei befreien. [...] Und so wie mit der Auferstehung Christi auf der ganzen Erde die Blutopfer aufhören, so werden mit der Auferstehung des Polnischen Volkes in der Christenheit die Kriege aufhören."[20] Insgesamt handelte es sich hier um eine religionskulturelle Synthese alter Symbole – dem bereits im Barock entwickelten Bündnis von Polen und göttlicher Vorsehung – mit neuen Erwartungen unter dem Ausbau einer Strategie des Sakraltransfers.

Parallel entstand unter dem Einfluss der französischen volkskirchlichen Auffassung insbesondere von Félicité de Lamennais (1782-1854)[21] im Exil eine polnische Volkstheologie (*polska teologia narodu*),[22] die den Katholizismus als wesensbestimmenden Zug polnischen Denkens annahm und durch Rückkehrer seit den 1840er Jahren im Lande verbreitet wurde.[23] Beispielhaft sei Jan Koźmian (1814-1877), Domherr und im Kulturkampf informeller Vertreter des Posener Erzbischofs, genannt, der 1848 in seiner Theologie formulierte: Jedes, „auch das kleinste" christliche Volk hat seinen Platz in der harmonischen Vielfalt der Christianitas, ist „notwendig wie die ursprünglichen Farben in der Welt, der Ton im Akkord, der Buchstabe im Wort"; Polen „ging nicht unter und es geht nur um den Moment der Wiedergeburt [...] von den Polen hängt es ab, ob der

---

[20] Zit. nach ders., Dichtung und Prosa. Ein Lesebuch, Frankfurt am Main 1994, S. 316.
[21] Zur Bedeutung von Lamennais im internationalen Katholizismus vgl. Stephan Scholz, Der deutsche Katholizismus und Polen (1830-1849). Identitätsbildung zwischen konfessioneller Solidarität und antirevolutionärer Angrenzung, Osnabrück 2005 (Einzelveröffentlichungen des DHI Warschau, 13), S. 85-115.
[22] Polska teologia narodu, hrsg. v. Czesław S. Bartnik, Lublin 1986; Czesław Bartnik, Théologie de la nation en Europe orientale, in: The Common Christian Roots of the European Nations. An International Colloquium in the Vatican. Bd. 2, Florence 1982, S. 1010-1036.
[23] Józef Ordęga, O narodowości polskiej z punktu widzenia katolicyzmu i postępu [Über die polnische Nation aus der Perspektive des Katholizismus und des Fortschritts], Paryż 1840.

Church-building

Moment der Auferstehung des Vaterlandes beschleunigt oder verspätet wird."²⁴

Diese volkskirchliche Theologie verbreitete sich seit den 1840er und 1850er Jahren, wobei sich der konfessionelle Gegensatz in der Kontaktzone mit dem protestantischen preußischen bzw. orthodoxen russischen Staatsapparat und dem säkularen Liberalismus stark auflud. Auch in der ikonographischen Darstellung der Aufstände ist diese religiöse Aufladung wahrnehmbar: Dominierten noch 1830 säkulare Motive, so traten in der Rezeption des Krakauer Aufstandes 1846 erstmals religiöse Motive wie die Prozession von Krakau nach Podgórze und die Kämpfe zwischen Prozessionsteilnehmern und österreichischem Militär hervor.²⁵ Geschmuggelte Stiche zeigten Priester und Kreuze an der Spitze der polnischen Bewegung und wurden weit verbreitet; traditionelle, nun modernisierte oder neu erfundene Formen von Volksfrömmigkeit bildeten Verbreitungskanäle.

An erster Stelle muss die Marienfrömmigkeit genannt werden, wo auf frühneuzeitliche Bilder von Maria als „polnischer Königin", eine ältere Hymnik und traditionelle Mariendarstellungen und Wallfahrtsorte zurückgegriffen werden konnte. Zugleich wurden neue Frömmigkeitsformen wie in den 1850er Jahren der Marienmonat Mai und die Maiandachten integriert, wobei die katholische Litanei mit „Maria, Königin von Polen, bitte für uns!" sowie die Bezeichnung als „Königin Polens" von der preußischen wie russischen Zensur untersagt wurde – die beliebten Krönungen von Marienbildern, die den Herrschaftsanspruch der „polnischen Königin" nachstellten, konnten vor 1905 nur in Galizien durchgeführt werden.²⁶

---

²⁴ „Jest potrzebny jak kolor pierwotny w świecie, jak ton w akordzie, jak litera w słowie [... Polska] nie zginęła i tylko chodzi o chwilę wskrzeszania [...] od Polaków zależy chwilę zmartwychstania Ojczyzny przyspieszyć albo opóźnić". Zit. nach Przemysław Matusik, Religia i naród. Życie i myśl Jana Koźmiana 1814-1877 [Religion und Nation. Leben und Denken Jan Koźmians], Poznań 1998, S. 137.
²⁵ Vgl. den vielfach reproduzierten Stahlstich von Józef Bogdan Dziekoński: „Der Tod Edward Dembowskis in Podgórze/Krakau während des Aufstands 1846" (abgebildet auf dem Cover dieses Buches).
²⁶ Ryszard Bender, Władze zaborcze wobec kultu maryjnego w Królestwie Polskim w XIX wieku [Die Teilungsmächte gegenüber dem Marienkult im Königreich Polen

Zeitlich später wurde die Rosenkranzfrömmigkeit integriert. Im Russländischen Reich bot sie nach den Versammlungsverboten nach der Niederschlagung des Aufstandes 1863 alternative und staatlicherseits nicht kontrollierbare Vergemeinschaftungsmöglichkeiten. Rosenkranzandachten setzten sich jedoch erst im 20. Jahrhundert im polnischen Katholizismus durch.[27]

Insbesondere die Marienwallfahrten belegen seit den 1860er Jahren quantitativ wie qualitativ eine neue Dimension kirchlicher Vergemeinschaftung. Hier nur die Zahlen für Tschenstochau: War das Marienheiligtum auf dem Hellen Berg zuvor jährlich von ca. 20.000 Pilgern besucht worden, so stiegen die Zahlen über ca. 40.000 in den 1860er Jahren, ca. 125.000 Besucher in den 1890er Jahren bis zu fast 200.000 Pilgern vor 1914.[28] Der auch nationale Charakter der Wallfahrten tritt bereits in zeitgenössischen Aussagen hervor.[29] Sicherlich spielt bei den emporschießenden Pilgerzahlen auch die wachsende Mobilität in der polnischen Gesellschaft wie die gute Lage des Wallfahrtsortes Tschenstochau an der Eisenbahnstrecke von Warschau nach Wien eine Rolle. Jedoch müssen auch innere Veränderungen in der Kirchenorganisation berücksichtigt werden: Solche Pilgerzahlen, die im demographisch vergleichbaren deutschen Katholizismus nur mit den in einem Abstand von einem halben Jahrhundert organisierten Wallfahrten zum Heiligen Rock nach Trier

---

im 19. Jahrhundert], in: Niepokalana. Kult Matki Bożej na ziemiach polskich w XIX wieku, hrsg. v. Bolesław Pyłak / Czesław Krakowiak, Lublin 1988, S. 121-138.

[27] Daniel Olszewski, Motywy maryjne w polskiej religijności w XIX wieku [Marienmotive in der polnischen Religiosität des 19. Jahrhunderts], in: Niepokalana (wie Anm. 26), S. 69-86.

[28] In ausgewählten Jahren wurden besonders hohe Zahlen erreicht, die aber auch umstritten sind: 1864: 46.191, 1899: 337.507, 1910: fast 900.000; vgl. Szczepan Zachariasz Jabłoński, Jasna Góra ośrodek kultu maryjnego (1864-1914) [Der Helle Berg als Zentrum des Marienkults], Lublin 1984. Quantifizierungsversuch: Kościół katolicki w Polsce 1918-1990. Rocznik statystyczny, hrsg. v. Lucjan Adamczuk / Witold Zdaniewicz, Warszawa 1991, S. 224-233.

[29] Daniel Olszewski, Polska kultura religijna na przełomie XIX i XX wieku [Die polnische religiöse Kultur an der Wende vom 19. zum 20. Jahrhundert], Warszawa 1996, S. 197-198; Maria Kałamajska-Saeed, Ostra Brama w Wilnie [Das Tor der Morgenröte in Vilnius], Warszawa 1990, S. 190-202.

Church-building

verglichen werden können,[30] erforderten bereits in den Pfarrgemeinden neue Vergesellschaftungsformen durch Vorbereitungskomitees bis hin zu einer Betreuung vor Ort.[31]

Zugleich entstanden neue Marienwallfahrtsorte wie Dietrichswalde/Gietrzwałd im Ermland, wo – vergleichbar mit dem saarländischen Marpingen – im Kulturkampf die Muttergottes im Sommer 1877 einigen Mädchen und Frauen insgesamt 160mal erschien und sie auf Polnisch ansprach.[32] Bereits im September 1877 sollen nach zeitgenössischen Schätzungen 100.000 bis 300.000 Pilger nach Dietrichswalde gekommen sein: ein Beleg für die Mobilisierungsfähigkeit, die Ängste und die Hoffnungen einer Bevölkerung, die dem Zugriff des protestantischen preußisch-deutschen Staates und den Säkularisierungstendenzen im Kulturkampf ausgesetzt war.

Die Marienfrömmigkeit stellte ein zentrales Verbindungsmoment zwischen Religiosität und Nation dar und bot Raum für einen symbolisch-konfessionellen Diskurs über das, was als eigentümlich katholisch-polnisch aufgefasst werden konnte. Im Mai 1910 verkündigte der Priester Antoni Szlagowski (1864-1956) während einer Predigt aus Anlass der erneuten Krönung des Bildes der Schwarzen Madonna, der Marienikone von Tschenstochau: „Nur so viel Polen

---

[30] Wolfgang Schieder, Kirche und Revolution. Sozialgeschichtliche Aspekte der Trierer Wallfahrt von 1844, in: Archiv für Sozialgeschichte 14 (1974), S. 419-454.

[31] Szczepan Zachariasz Jabłoński, Przemiany w maryjnym ruchu pielgrzymkowym na Jasną Górę w XIX wieku [Veränderungen in den Marienwallfahrten zum Hellen Berg im 19. Jahrhundert], in: Niepokalana (wie Anm. 26), S. 103-119, hier 113-114.

[32] Franz Hipler, Objawienia Matki Boskiej w Gietrzwałdzie dla ludu katolickiego podług urzędowych dokumentów spisane [Die Erscheinungen der Muttergottes in Dietrichswalde zu dem katholischen Volk gemäß behördlicher Dokumente]. Brunsberga 1883; Najświętsza Panna w Gietrzwałdzie. Dokładny opis obwawień od dnia 27 czerwca do 9 września 1877 roku [Die Allerheiligste Jungfrau in Dietrichswalde. Genaue Beschreibung der Erscheinungen vom 27. Juni bis 9. September 1877], Poznań 1877; Józefa Piskorska, Kult Matki Bożej Gietrzwałdzkiej na Warmii w XIX wieku [Der Kult der Muttergottes von Dietrichswalde im Ermland im 19. Jahrhundert], in: Niepokalana (wie Anm. 26), S. 221-229; Jan Obłąk, Objawienia Matki Boskiej w Gietrzwałdzie, ich treść i autentyczność w opinii współczesnych. W stulecie objawień 1877-1977 [Die Erscheinungen der Muttergottes in Dietrichswalde, ihr Inhalt und die Authentizität bei den Zeitgenossen. Einhundert Jahre nach den Erscheinungen 1877-1977], in: Studia Warmińskie 14 (1977), S. 7-73.

gibt es – sage ich Euch – wie viel es in uns Katholizismus gibt. Denn unsere Nation wuchs und erstarkte dank des katholischen Glaubens, aus diesem Glauben schöpft sie bis heute die lebensspendenden Säfte. Katholizismus ist unser Leben, unsere Zukunft."[33] Gegen solche programmatischen Bestimmungen regten sich gerade in der Provinz Posen protestantisch-deutsche Gegenstimmen, die die Konfessionalisierung vor Ort deutlich machen: „Wenn dem Polonismus schon seine Treue zur katholischen Kirche jene Lebenskraft gibt, die dem Deutschtum soviel zu schaffen gemacht hat und noch zu schaffen machen wird, so sollte dieses Deutschtum sich seine Kraft und seine Einigkeit durch die Treue zu seiner Religion, zur Kirche des Evangeliums immer wieder stärken und auffrischen lassen. [...] Den Polen lasse man die Religion der Unmündigen, den dem Slaventum mehr angemessenen Katholizismus. Die Religion der Mündigen aber, [...] die die evangelische Kirche der Welt bietet – ehre der deutsche Mann, die deutsche Frau, dann wird Gott unser deutsches Volk segnen und wie überall so auch in der Provinz Posen vorwärts bringen."[34] Nach 1918 knüpften an die katholisch-polnischen Auffassungen Kirchenpatrozinien der „Hl. Maria vom Siege" an.

Neben der Verehrung der Nationalpatrone – des Hl. Stanislaus und des Hl. Adalbert-Wojciech[35] – bot vor allem der Herz-Jesu-Kult mit seiner Symbolik des Herzens und der Rhetorik hingebungsvoller

---

[33] „A tyle Polski, ile u nas katolickości, powiem. Na katolickiej bowiem Wierze naród nasz wzrósł i zmężniał, z katolickiej też Wiary czerpie dotąd ożywcze soki dla siebie. Katolicyzm więc to nasze życie, to nasza przyszłość." Antoni Szlagowski, Mowy narodowe [Nationale Reden], Poznań [u.a.] 1924, S. 15; vgl. Albert S. Kotowski, Polen in Deutschland. Religiöse Symbolik als Mittel der nationalen Selbstbehauptung (1870-1918), in: Nation und Religion in Europa. Mehrkonfessionelle Gesellschaften im 19. und 20. Jahrhundert, hrsg. v. Heinz-Gerhard Haupt / Dieter Langewiesche, Frankfurt am Main; New York 2004, S. 252-279. Zur Person Szlagowskis: Waldemar Wojdecki, Arcybiskup Antoni Szlagowski. Kaznodzieja Warszawy [Erzbischof A.Sz. Der Seelsorger Warschaus], Warszawa 1997.
[34] Max Radtke, Dreihundert Jahre unter Gottes Schutz im Lichte des Evangelii. Versuch einer Geschichte der evangelischen Kirchengemeinde Birnbaum. Seiner durch 25jährige Arbeit in Liebe ihm herzlich verbundenen Gemeinde gewidmet zur Feier ihres 300jährigen Kirchenjubiläums, Birnbaum 1900, S. 140.
[35] Dzieje teologii katolickiej w Polsce [Geschichte der katholischen Theologie in Polen]. Bd. 3: Wiek XIX i XX, Teil 2, hrsg. v. Marian Rechowicz, Lublin 1977, S. 7-24; Olszewski, Polska kultura religijna (wie Anm. 29), S. 184, 201-205.

Liebe und unbedingter Loyalität eine Frömmigkeit, die der Befestigung der Autorität der Kirche dienen konnte.[36] Zusammen mit den Passionsandachten, der Verehrung der Heiligen Familie, die vielfältige Übergänge zur säkularen Idealfigur der „polnischen Mutter" (*matka-Polka*) aufwies, wurden hier Frauen Partizipationsmöglichkeiten gegeben[37] – auch der Herz-Jesu-Kult bot Zugänge zu einer feminisierten Frömmigkeit.[38] Nach der Wiedererrichtung des polnischen Staates und während des polnisch-sowjetischen Krieges im Juli 1920 weihte der Episkopat am 27. Juli die Nation dem Herzen Jesu – eine Anknüpfung an ältere nationalkirchliche Traditionen und eine Überbietung des historischen Königin-von-Polen-Kultes.[39]

Die Organisation solcher „paraliturgischer Formen" bot Machtfelder für die katholische Hierarchie. Die organisierte Massenreligiosität der Wallfahrten stellte den Geistlichen Charisma als Ersatz für staatliche Nichtbeachtung in der Hohenzollernmonarchie wie im Russländischen Reich bereit und unterstützte die geistliche Herrschaftsbewahrung.[40] Allerdings konnten volksnahe Frömmigkeitsbewegungen auch dem Klerus entgleiten und die Hierarchie infrage stellen.

---

[36] Norbert Busch, Frömmigkeit des katholischen Milieus. Der Kult zum Herzen Jesu, in: Religion im Kaiserreich. Milieus – Mentalitäten – Krisen, hrsg. v. Olaf Blaschke / Frank-Michael Kuhlemann, Gütersloh 1996, S. 136-165; Laurence Cole, Nationale Identität eines „auserwählten Volkes". Zur Bedeutung des Herz-Jesu-Kultes unter der deutschsprachigen Bevölkerung Tirols 1559-1896, in: Nation und Religion in der deutschen Geschichte, hrsg. v. Heinz-Gerhard Haupt / Dieter Langewiesche, Frankfurt am Main; New York 2001, S. 480-515; für den böhmischen Kontext: Srdce Ježíšovo. Teologie – symbol – dějiny. Sborník z konference konané na Vranově u Brna 30. ledna 2002 [Das Herz Jesu. Theologie. Symbol. Geschichte. Band einer Konferenz in Vranov bei Brünn, 30.01.2002], hrsg. v. Kristina Kaiserová [u.a.], Ústí nad Labem; Praha 2005.
[37] Dazu: Wunderbare Erscheinungen. Frauen und katholische Frömmigkeit im 19. und 20. Jahrhundert, hrsg. v. Irmtraud Götz von Olenhusen, Paderborn 1995.
[38] Ewa Jabłońska-Deptuła, Kościół, religia, patriotyzm [Kirche, Religion, Patriotismus], Warszawa 1985, S. 67.
[39] Czesław Pest, Kardynał Edmund Dalbor (1869-1926). Pierwszy prymas Polski odrodzonej [Kardinal E.D. Der erste Primas im wiedergeborenen Polen]. Poznań 2004, S. 140-141, 382.
[40] Michael N. Ebertz, Die Organisierung von Massenreligiosität im 19. Jahrhundert, in: Jahrbuch für Volkskunde 2 (1979), S. 3-72.

Hans-Jürgen Bömelburg

Zwischen 1886 und 1906 geschah dies in der Diözese Płock mit der in der Marienfrömmigkeit wurzelnden Bewegung der Mariaviten, die auf die Muttergotteserscheinung der Kongregationsgründerin Maria Franciszka Kozłowska (1862-1921) zurückging, nach einem Konflikt mit der Kirchenhierarchie aus der katholischen Kirche ausgeschlossen wurde und nach einem Kampf um Kirchen mit Ausschreitungen, ja sogar Verletzten und Toten 1906 eine eigene Freikirche gründete. Die Mariaviten gewannen vor dem Ersten Weltkrieg ca. 80.000-100.000 Gläubige – dank einer arbeiternahen Sozialfürsorge außer in der Region Płock vor allem in Industriestädten wie Lodz und Zgierz – allein in Lodz bekannten sich vor dem Ersten Weltkrieg ca. 30.000-40.000 Gläubige zu der neuen Freikirche.[41] Leider fehlen Studien, die die Kirchbildung der Mariaviten mit den innerhalb des Katholizismus verbliebenen Frömmigkeitsbewegungen vergleichen.

Insgesamt konnte durch die neuen Frömmigkeitsformen eine katholische Identität gegenüber dem Protestantismus, aber auch gegenüber der Orthodoxie demonstriert werden, wo zwar die Marienfrömmigkeit verbreitet, aber die spezifischen Frömmigkeitsformen und auch der Herz-Jesu-Kult unbekannt waren. Diese Rekonfessionalisierung ermöglichte in der Kulturkampfsituation (in Russisch-Polen nach 1862, in der Provinz Posen und Westpreußen seit 1873) die Ausbildung eines eigenen Sozial- und Kultursystems „polnischer Katholizismus" und die Formierung des Kirchenvolks.

Die Stoßrichtung dieser katholischen Volkskirche wandte sich in erster Linie gegen Säkularisierungsphänomene, gegen die bereits in den 1840er Jahren „Volksmissionen" (*misje ludowe*) in Galizien[42]

---

[41] Olszewski, Polska kultura religijna (wie Anm. 29), S. 55-64 (mit weiterer Literatur); Philipp Feldmann, Die altkatholische Kirche der Mariaviten, Płock 1940; Arthur Rhode, Bei den Mariaviten. Eindrücke von einer neuen romfreien katholischen Kirche, Berlin 1911; Ilse Rhode, Die Mariaviten, in: Gestalten und Wege der Kirche im Osten. Festschrift für Arthur Rhode, hrsg. v. Harald Kruska, Ulm 1958, S. 163-175.

[42] Stanisław Załęski, Jezuici w Polsce porozbiorowej [Die Jesuiten in Polen nach den Teilungen]. Bd. 2, Kraków 1906, S. 578-582.

Church-building

und Preußen insbesondere von Jesuiten betrieben wurden.[43] Im Russländischen Reich wurde die Volksmission infolge der Ausweisung der Jesuiten (1820) von Dominikanern und Franziskanern betrieben. Durchaus säkular erfolgreich war diese Gemeinschaftsbildung insbesondere deshalb, weil sie bereits in den 1860er und 1870er Jahren vor dem Einsetzen beschleunigten sozialen Wandels in der Großregion griff. Durch eine gelungene Formation und Vergemeinschaftung bereits vor dem radikalen Einbruch durch sozialen Wandel konnte ein Teil des Kirchenvolks intensiver in das kirchliche Leben eingegliedert werden.

Später scheiterte das „Church-building" in den polnischen Industriezentren jedoch teilweise, wo die Kirche mit Organisationsdefiziten und fehlenden Strukturen zu kämpfen hatte: Für die Bergbauzentren im Dąbrowa-Becken östlich der oberschlesischen Grenzen wie für die Textilarbeitermetropole Lodz, wo der Ausbau des Pfarreinetzes und der Seelsorge gegenüber der Binnenmigration zurückblieb, liegen um 1900 alarmierende Nachrichten über den Rückgang der Kirchlichkeit vor.[44] Nach Aussagen des Klerus nahm dort nur die Hälfte der Katholiken an der vorösterlichen Beichte teil,[45] in den Berichten ist von Indifferentismus und antikirchlichen Einstellungen die Rede. Ins Bewusstsein der geistlichen wie nationalen Eliten trat dies jedoch erst mit der Revolution von 1905, als – durchaus von dem Modell der traditionellen Prozessions- und Wallfahrtskultur

---

[43] Zygmunt Zieliński, Kościół katolicki w Wielkim Księtwie Poznańskim w latach 1848-1865 [Die katholische Kirche im Großherzogtum Posen in den Jahren 1848-1865], Lublin 1973, S. 249-259.
[44] Daniel Olszewski, Duszpasterstwo a przemiany społeczno-religijne w Zagłębie Dąbrowskim w XIX wieku [Die Seelsorge und die gesellschaftlich-religiösen Veränderungen im Dąbrowa-Becken im 19. Jahrhundert], in: Śląskie Studia Historyczno-Teologiczne 8 (1975), S. 131-153. Vgl. auch das in den letzten Jahrzehnten nicht eingelöste Postulat von Tadeusz Łepkowski: „Trzeba też [...] sporządzić dla przełomu XIX i XX w. bilans (realny a nie formalno-statystyczny) zysków i strat polskiego katolicyzmu, nie momijąc zwłaszcza tych drugich, wyraźnich w miastach robotniczych." Tadeusz Łepkowski, O katolicyzmie i kulcie maryjnym w społeczeństwie polskim XIX stulecia [Über den Katholizismus und den Marienkult in der polnischen Gesellschaft des 19. Jahrhunderts], in: Studia Claromontana 7 (1987), S. 40-49, hier 43.
[45] Olszewski, Polska kultura religijna (wie Anm. 29), S. 168-173.

inspiriert und auf der Basis von diesen bekannten Organisationsformen[46] – die Demonstrationen der Arbeiterbewegung Revolutionsängste schürten und den Eindruck einer Dechristianisierung[47] auf breiter Front erweckten. Das päpstliche Breve „Poloniae populus" vom 3. Oktober 1905 spiegelte dies wider und knüpfte bemerkenswerterweise an Volkskirchenvorstellungen an. Erst danach kam es zur Durchsetzung einer katholischen Soziallehre und Sozialpolitik,[48] wobei im russischen Teil Polens vor dem Ersten Weltkrieg ca. 40% des Klerus eine katholische Sozialpolitik unterstützten.[49] Die tatsächliche Reichweite einer Entkirchlichung vor dem Ersten Weltkrieg erfordert genauere Untersuchungen, für eine nur begrenzte Reichweite, d.h. reversible Prozesse im Dąbrowa-Becken und in Lodz – spricht das ungebrochene Wachstum der Orden und Laienkongregationen.

Ein Zwischenfazit: Die katholische Kirche in Polen entwickelte zwischen 1860 und dem Ersten Weltkrieg durch neue liturgische Formen und Riten einer Volksfrömmigkeit eine betont volkskirchliche Formierung. Unter teilweiser Umgehung der legalistisch eingestellten höheren Geistlichkeit setzte sich in Abgrenzung zu Säkularisierung und Moderne ein neuer Kirchlichkeitsstil durch, der sich scharf von anderen Konfessionen abgrenzte und umfangreiche Mobilisierungsstrategien entwickelte. Dieser Prozess eines „Church-

---

[46] Andrzej Chwalba, Sacrum i rewolucja. Socjaliści polscy wobec praktyk i symboli religijnych (1870-1918) [Sacrum und Revolution. Die polnischen Sozialisten gegenüber religiösen Praktiken und Symbolen], Kraków ²2007, S. 163-277.

[47] Vgl. allerdings zu dem Begriff: Friedrich Wilhelm Graf, „Dechristianisierung". Zur Problemgeschichte eines kulturpolitischen Topos, in: Säkularisierung, Dechristianisierung, Rechristianisierung im neuzeitlichen Europa. Bilanz und Perspektiven der Forschung, hrsg. v. Hartmut Lehmann, Göttingen 1997 (Veröffentlichungen des Max-Planck-Instituts für Geschichte, 130), S. 32-66.

[48] Marek Chamot, Polska myśl chrześcijańsko-społeczna w zaborze pruskim w latach 1890-1918 [Das polnische christlich-soziale Denken im preußischen Teilungsgebiet 1890-1918], Toruń 1991.

[49] Krzysztof Lewalski, Między patriotyzmem a uniwersalizmem. Refleksje na temat relacji Kościół katolicki – władza w Królestwie Polskim na przełomie XIX i XX w. [Zwischen Patriotismus und Universalismus. Reflexionen über die Beziehungen zwischen katholischer Kirche und Regierung im Königreich Polen an der Wende vom 19. zum 20. Jahrhundert], in: Studia Historyczne 46 (2003), Nr. 3-4, S. 291-308, hier 300.

Church-building

building" ist primär ein religionskultureller Prozess, der jedoch von administrativer Seite durchweg als nationalpolitische Tätigkeit aufgefasst wurde.

2. Die evangelisch-lutherische Kirche in den baltischen Provinzen

Als Ausgangspunkt für unsere Fragestellung können das Jahr 1832 und die Eingliederung der evangelisch-lutherischen Landeskirche in die russländische Reichskirchenverfassung gelten.[50] Damit verlor die evangelische Kirche ihre privilegierte Sonderexistenz, eine Entwicklung, die mit der einsetzenden Russifizierung zumindest aus der Sicht der deutschbaltischen Pastoren in ein Auseinanderfallen von Staat und Kirche einmündete, so dass sich die Kirche nach ihrer Meinung ein neues Organisationsmuster suchen müsse. Zugleich sah man sich in den 1840er Jahren von zwei konfessionskulturellen Entwicklungen bedroht.

Erstens von dem Aufbau einer pietistischen Kirchenorganisation durch die Herrnhuter, die um 1844 ca. 250 Bethäuser mit mehr als 100.000 Besuchern unterhielten und damit für die evangelische Kirche zu einer kritischen, außerhalb der eigenen Organisation stehenden Größe wurden. Unter den durch eine starke Gemeinschaftspflege ausgezeichneten Herrnhutern besaßen die als „Nationalgehilfen" bezeichneten lettischen und estnischen Vorbeter einen starken Einfluss. Prosopographisch konnte nachgewiesen werden, dass aus ihnen insbesondere die frühen estnischen, aber auch lettischen nationalen Eliten hervorgingen.[51] Gegen die Herrnhuter Seelsorgeanstal-

---

[50] Gert Kroeger, Die evangelisch-lutherische Landeskirche und das griechisch-orthodoxe Staatskirchentum in den Ostseeprovinzen, in: Baltische Kirchengeschichte. Beiträge zur Missionierung und der Reformation der evangelisch-lutherischen Landeskirchen und des Volkskirchentums in den baltischen Landen, hrsg. v. Reinhard Wittram, Göttingen 1956, S. 177-206, hier 177.
[51] Guntram Philipp, Die Wirksamkeit der Herrnhuter Brüdergemeine unter den Esten und Letten zur Zeit der Bauernbefreiung (vom Ausgang des 18. bis über die Mitte des 19. Jahrhunderts), Köln; Wien 1974; Jouko Talonen, Herrnhut and the Baltic Countries from 1730 to the Present: Cultural Perspectives, in: Estnische Kirchengeschichte im vorigen Jahrtausend. Estonian Church History in the Past Millenium, hrsg. v. Riho Altnurme, Kiel 2001, S. 98-108.

ten in Livland wandten sich seit Ende der 1840er Jahre die evangelischen Synoden unter anderem mit der Argumentation, hier sei ein „verweltlichtes, in ein geistliches Gewand gekleidetes eigenthümliches Nationalinstitut" entstanden, das in den Händen estnischer oder lettischer, „ihr eigenes Volk knechtende[r] Nationalgehülfen" liege.[52]

Zweitens setzte 1845 eine Übertrittsbewegung insbesondere estnischer und lettischer Landarmer zur Orthodoxie ein, die durch orthodoxe „fliegende Missionen" unterstützt wurde und ca. 100.000 Menschen, etwa 10% der Bauernbevölkerung der baltischen Provinzen, zur Konversion veranlasste. In der älteren Forschung wird die Übertrittsbewegung ausschließlich durch russische Machinationen begründet, eine Argumentation, die so nicht haltbar ist. Vielmehr suchte die von extremen Verarmungsvorgängen bedrohte Landbevölkerung – man denke nur an den parallelen Pauperismus im deutschen Vormärz – zumindest geistlichen Rückhalt in der evangelischen Kirche, fand ihn aber in der deutsch geprägten „Herrenkirche" nicht.[53]

Diese Alarmzeichen lösten seit den 1850er Jahren eine Kirchenreform auf der Basis eines streng konfessionellen Luthertums aus. Die Betonung von Amt und Zucht sowie eine einflussreiche „Moralstatistik" sollte eine neue Kirchlichkeit begründen.[54] Angeregt wurde ein ganzes Spektrum vertiefter protestantischer Frömmigkeit, das von der Pflege der Hausandachten und der Familienreligion, Bibel- und Katechismusstunden bis zur Entwicklung einer stark von den Pastoren kontrollierten Seelsorge reichte.[55] Besonderes Gewicht wurde neben der Abendmahlsfeier auf die Katechisation der lettischen und estnischen Jugend durch sog. „Pagastfahrten" (von lettisch „pagast" – Bezirk, also Bezirkstreffen), auf die Betreuung aller Konfirmierten, auf Bibel- und Missionsfeste sowie auf das Kirchenlied

---

[52] Theodosius Harnack, Die lutherische Kirche Livlands und die herrnhutische Brüdergemeinde. Ein Beitrag zur Kirchengeschichte, Erlangen 1860, S. 248.
[53] Siehe dazu auch den Beitrag von Sebastian Rimestad in diesem Band.
[54] Alexander von Oettingen, Die Moralstatistik in ihrer Bedeutung für die christliche Socialethik, Erlangen ²1874; ders., Obligatorische und fakultative Civilehe nach den Ergebnissen der Moralstatistik, Leipzig 1881.
[55] Erich von Schrenck, Baltische Kirchengeschichte der Neuzeit, Riga 1933, S. 71-72.

und den Gemeindegesang gelegt.⁵⁶ Der Schöpfer der „Moralstatistik", der baltische Theologe Alexander von Oettingen (1827-1905), suchte statistisch zu belegen, dass in der Diaspora, dort, wo Protestanten in der Minderheit seien bzw. sich unter russischer Herrschaft als Minderheit erführen, Gottesdienstbesuch und Abendmahlsteilnahme religionskulturell selbstverständlicher blieben, Kirchlichkeit bei den Deutschbalten also identitätsverbindend wirke.⁵⁷

Eine Minderheit unter den Pastoren ging seit den 1860er Jahren unter dem Einfluss des Historikers Theodor Schiemann⁵⁸ und des Dorpater Theologen Theodosius Harnack (1816-1889)⁵⁹ erheblich weiter und propagierte die Lösung von der landeskirchlichen Tradition und die Einrichtung einer „freien lutherischen Volkskirche". In der bisherigen Form sei das Luthertum vor die Alternative gestellt, sich als „Winkelkirche" aus der Öffentlichkeit herausdrängen zu lassen, oder „reine Staatskirche" zu werden. Demgegenüber müsse es die Kraft finden, die „Rettung des Evangeliums für das deutsche Volk" zu übernehmen und sich als „Volkskirche" neu zu gründen.⁶⁰ Harnack verfolgte hierbei ein ständisch-hierarchisch gedachtes Kirchenvolkmodell: Die Gemeinde solle in Tauf- und Abendmahlskreise gegliedert werden – erstere erhielten die Kirche in ihrer Breite, letztere seien als Personenverband zur Kirchenleitung berufen. In dieser Konzeption verbindet sich die ständische Welt der Deutsch-

---

[56] Wolfgang Theophil Gaehtgens, Das Ende der Kirche Livlands. Als Manuskript gedruckt. o.O. 1963, S. 41-43.
[57] Andreas Pawlas, Alexander von Oettingen und die Impulse zur Erneuerung lutherischer Theologie in Estland. Zum Gedenken seines 100. Todesjahres, in: Luther 76 (2005), Nr. 3, S. 141-154.
[58] [Theodor Schiemann], Die Vergewaltigung der russischen Ostseeprovinzen. Appell an das Ehrgefühl des Protestantismus. Von einem Balten, Berlin 1866.
[59] Heinrich Wittram, Die Kirche bei Theodosius Harnack. Ekklesiologie und praktische Theologie, Göttingen 1963; Christoph Link, Die Grundlagen der Kirchenverfassung im lutherischen Konfessionalismus des 19. Jahrhunderts insbesondere bei Theodosius Harnack, München 1966. Vgl. zur Familie Harnack auch: Thomas Kaufmann, Die Harnacks und die Seebergs. „Nationalprotestantische Mentalitäten" im Spiegel zweier Theologenfamilien, in: Nationalprotestantische Mentalitäten. Konturen, Entwicklungslinien und Umbrüche eines Weltbildes, hrsg. v. Manfred Gailus / Hartmut Lehmann, Göttingen 2005 (Veröffentlichungen des Max-Planck-Instituts für Geschichte, 214), S. 165-222.
[60] Theodosius Harnack, Die freie lutherische Volkskirche, Erlangen 1870, S. IX.

balten mit der Hochschätzung des Abendmahles zu einer elitären Durchformung der Kirche, in der für die Deutschbalten Leitungsfunktionen reserviert blieben.[61] Dagegen überwogen jedoch Ängste, die Kirche als „Volksinstitution" werde sich nicht mehr an das Bekenntnis gebunden fühlen und einer Anarchisierung unterliegen.[62]

Mit dem Entstehen estnischer und lettischer Nationalbewegungen seit den 1880er Jahren wurde das Volkskirchenkonzept jedoch durch Kirchenbesetzungen der Gemeinden durch estnische oder lettische Gemeindemitglieder öffentlich gemacht, die eine Besetzung der Gemeinden mit estnischen und lettischen Pastoren forderten. 1899 spitzte sich die Polemik zu. Der estnische Publizist Ado Grenzstein (1846-1916) forderte in seiner Polemik unter dem Titel „Herrenkirche oder Volkskirche" eine Umformung der evangelischen Kirche: „Volksreligionen sind in der Volksseele für die Volksseele entstanden. [...] Ist das richtig, so ist es psychologisch auch richtig, daß eine Volksreligion nicht die Tendenz haben kann, in den Händen der Herren als Werkzeug der Unterdrückung des Volkes zu dienen. Wo diese Tendenz sich zeigt, ist sie später durch fremde Hände in die Religion hineingetragen worden und widerspricht also dem innersten Wesen dieser Religion".[63] Grenzsteins Überlegungen mündeten schließlich in ein Projekt der Trennung in eine deutsche, estnische und lettische Kirche[64] und konnten den Begriff der „Herrenkirche"

---

[61] Horst Garve, Konfession und Nationalität. Ein Beispiel zum Verhältnis von Kirche und Gesellschaft in Livland im 19. Jahrhundert, Marburg 1978 (Wissenschaftliche Beiträge zur Geschichte und Landeskunde Ostmitteleuropas, 110), S. 126.

[62] „Das ist das erwünschte Ziel aller auf Emancipation der Kirche dringenden Gegner der Ansicht von der Kirche als göttlicher Institution, welche die Kirche als Volksinstitution aufrichten wollen. Die Masse wird natürlich alsbald zu Gunsten ihres Unglaubens Lehrfreiheit proclamiren [...]; sie wird ferner alle Zucht aufheben, d.h. sich das Recht einräumen, nach dem eigenen Gelüste zu leben und zu handeln." Karl Grüner, Wie haben wir uns die vom Staat getrennte Kirche gestaltet zu denken?, in: Mitteilungen und Nachrichten für die evangelische Geistlichkeit in Rußland 25 (1869), S. 145-157, hier 147.

[63] Aadu Grenzstein, Herrenkirche oder Volkskirche? Eine estnische Stimme im baltischen Chor, Jurjew 1899, S. 1.

[64] Ebd., S. 144.

Church-building

(estnisch „Härraskirik") für die deutsch geprägte evangelische Kirche in der estnischen Publizistik durchsetzen.[65]

In diesem scharfen Konflikt konnten sich volkskirchliche Vorstellungen in den baltischen Provinzen vor dem Ersten Weltkrieg in der Politik nicht durchsetzen, sondern lösten erhebliche Friktionen aus: In der Revolution von 1905 kam es in Lettland zu mehr als einem Dutzend Kirchenkrawallen mit Misshandlungen von Pfarrern und Forderungen nach Einrichtung einer Nationalkirche. Über die in den sozialen Verhältnissen, aber auch in der fehlenden kirchlichen Soziallehre liegenden Ursachen hinaus – in Riga war vor 1905 keine Innere Mission tätig – wurde im öffentlichen Diskurs in Kulturkampfsemantik für den „Niedergang der Kirchlichkeit"[66] die „nationale, sozialistische und atheistische Agitation" verantwortlich gemacht. Vormarsch des „Indifferentismus" und der „Unkirchlichkeit", das Problem steckt in der geringen Trennschärfe solcher zeitgenössisch als kulturpolitische Kampfbegriffe verwandten Worthülsen, die den widersprüchlichen Wandel religiöser Mentalitäten kaum erfassen können.[67]

Bekannt sind Fälle, wo gegen neu eingesetzte deutsche Pastoren als Kirchenbesetzer aktive Letten und Esten sich gleichzeitig als treue Kirchgänger erwiesen. Für die evangelische Kirche des besonders betroffenen Livlands wäre es möglich, infolge der umfangreichen auf der Basis von Kirchgangs- und Abendmahlsstatistiken erhobenen moralstatistischen Daten sich ein Bild über das tatsächliche Ausmaß der Kirchlichkeit zu machen.[68]

Der Prozess der Bildung einer estnischen Kirche kam nach der Februarrevolution bereits im Mai 1917 deutlich früher als die estnische Staatsbildung mit der Einrichtung einer „Estnischen Evange-

---

[65] Jakob Auvner, Die Rechtsordnung der estnischen Volkskirche. Die Theologische Fakultät der Universität Tartu/Dorpat, in: Baltische Kirchengeschichte (wie Anm. 50), S. 243-266, hier 245.
[66] Gaehtgens, Das Ende (wie Anm. 56), S. 67-68.
[67] Graf, „Dechristianisierung" (wie Anm. 47).
[68] Andreas Pawlas, Statistik und Ethik. Zur Problematik der Integration statistischer Aussagen in Ethik, dargestellt an der Sozial- und Wirtschaftsethik Alexander von Oettingens, Frankfurt am Main 1991.

lisch-Lutherischen Kirche"[69] zu einem Abschluss. Dabei wurde im April 1919 programmatisch verkündet: „Unsere Kirche will in Zukunft als eine wahre Volkskirche dem Volk evangelisch-lutherischen Bekenntnisses in Estland dienen."[70] Im Inneren erfolgte – wie in Lettland 1922 – die Bildung eines organisatorisch separierten deutschen Verbandes.

Am Ende auch der Entwicklung der evangelischen Kirche in den baltischen Provinzen stehen „Volkskirchen" – hier jedoch mit einer nach 1870 aufgrund unlösbarer innerer Konflikte unterbrochenen Entwicklungslinie. Deutsch-lutherische Versuche zur Gründung einer Volkskirche scheiterten – bemerkenswert ist, dass sie angesichts der sprachlich-nationalen Verhältnisse dennoch unternommen wurden. Insgesamt zeigt der historische Ablauf, dass auch unter den Bedingungen einer multiethnischen Kirchenorganisation mit einem andersnationalen Klerus intensive theologische und innerkirchliche Diskussionen um eine volkskirchliche Vertiefung und Praxis geführt wurden, die auf keinen Fall auf ein alleiniges Vordringen eines „Nationalismus" zurückgeführt werden können.

3. „Church-building" im ostmitteleuropäischen Vergleich

Die vorgestellten polnischen und baltischen Fälle können in Ostmitteleuropa in einen umfangreichen Kontext weiterer Church-building-Prozesse gestellt werden. Erforscht ist der Ausbau der griechisch-katholischen (unierten) Kirche als ukrainische Nationalkirche in Galizien, der in offenem Gegensatz zur polnischen Volkskirche erfolgte und sich symbolisch in erbitterten Konflikten um die lateinische oder griechische Kreuzgestalt niederschlug.[71] Im tschechischen Fall kann von einem Sakralitätstransfer und der versuchten konfessionellen Formierung einer Nation – teilweise erfolgreich in der Grün-

---

[69] Aunver, Rechtsordnung (wie Anm. 65), S. 246.
[70] Ebd., S. 248.
[71] Daniel Olszewski, Motywy pasyjne w religijności polskiej XIX i XX wieku [Passionsmotive in der polnischen Religiosität des 19. und 20. Jahrhunderts], in: Męka Chrystusa wczoraj i dziś, hrsg. v. Henryk D. Wojtyska / Jerzy Józef Kopeć, Lublin 1981, S. 80-94, hier 87-94; Himka, Religion (wie Anm. 4), S. 64-67, 121-124.

dung einer tschechoslowakischen Nationalkirche – gesprochen werden.[72] In eine ähnliche Richtung weisen reformierte Versuche in Ungarn, die „confessio hungarica" zu einer modernen ungarischen Volkskirche auszubauen, wobei Lajos Kossuth zu einem „Moses der Madyaren" stilisiert wurde.[73]

Von außen wurden die Intensivierung kirchlicher Vergemeinschaftung, die neue Frömmigkeit und Kirchenpraxis je nach Standort des Beobachters als neuer Konfessionalismus oder als Aufladung von Theologie, Liturgie und Kirchenorganisation mit nationalen Elementen wahrgenommen. Ein häufig in den modernen Sozialwissenschaften anzutreffendes Modell, das allein die letztere Perspektive verabsolutiert, ist kulturgeschichtlich retrospektiv äußerst fragwürdig, da es religiöse Identitäten ignoriert und – im Falle einer teilweisen Säkularisierung – konfessionelle „Hintergrundidentitäten" totschweigt und übergeht. Im ostmitteleuropäischen Kontext kann im 19. Jahrhundert von einer tiefgreifenden Säkularisierung der Lebenspraxis nur für schmale Gruppen – etwa die Industriearbeiter und Stadtbevölkerungen Lodzs oder Rigas – gesprochen werden, wobei methodisch bei migrierenden Bevölkerungen eine anhaltende Frömmigkeitspraxis in den Herkunftsorten sowie Probleme kirchlicher Versorgung mit bedacht werden müssen.

Nimmt man diesen Befund ernst, so muss zukünftig bei der Beschreibung einer Ausdifferenzierung der ostmitteleuropäischen Kirchen und Nationen stärker die reale Kirchlichkeit und Frömmigkeitspraxis berücksichtigt werden; religiöse Vergemeinschaftungs- und Formierungsprozesse (= Church-building) besitzen eine eigene Kraft und fördern das Entstehen supralokaler Bindungen. Erst in der hybriden und nicht konfliktfreien Verbindung aus Konfession und Nation

---

[72] Schulze Wessel, Konfessionalisierung (wie Anm. 1).
[73] Péter Zakar, „Kossuth – Moses der Ungarn". Das Kossuth-Bild der liberalen Geistlichen mit besonderem Blick auf die reformierten Pfarrer 1848/49, in: Calvin und Reformiertentum in Ungarn und Siebenbürgen. Helvetisches Bekenntnis, Ethnie und Politik vom 16. Jahrhundert bis 1918, hrsg. v. Martá Fata / Anton Schindling, Münster 2010 (Reformationsgeschichtliche Studien und Texte, 155), S. 357-376; allgemein zu Ungarn: Árpád von Klimó, Nation, Konfession, Geschichte. Zur nationalen Geschichtskultur Ungarns im europäischen Kontext, München 2003 (Südosteuropäische Arbeiten, 117).

entsteht im östlichen Europa eine systemsprengende Kraft – Nationalisierungsprozesse können nur bei gleichberechtigter Berücksichtigung von Konfessionalisierungsprozessen angemessen analysiert werden.[74]

---

[74] Schulze Wessel, Das 19. Jahrhundert (wie Anm. 3), S. 529.

Anja Wilhelmi

RELIGIÖSE PRAKTIKEN IM ALLTAG DEUTSCHBALTISCHER FAMILIEN.
SCHILDERUNGEN WEIBLICHER FAMILIENMITGLIEDER
(19. JAHRHUNDERT)

Einführung

Die deutschbaltische Bevölkerung der Ostseeprovinzen des Russischen Reiches war nahezu ausschließlich evangelisch-lutherischer Konfession. Die Evangelisch-Lutherische Landeskirche stellte zugleich die Kirche für die Mehrheitsbevölkerung dieser Regionen dar. Neben der deutschbaltischen Minderheit gehörte ihr auch der überwiegende Teil lettischer und estnischer Bevölkerung an.
Die Dominanz der deutsch geführten und von Deutschbalten getragenen Evangelisch-Lutherischen Kirche spiegelte sich in den verfassungsmäßigen Rechten der durch die Russische Zentralregierung vergebenen Autonomie der Provinzen wider, denen die adligen Vertretungen, die deutschbaltischen Ritterschaften, vorstanden. Die Deutschbalten stellten quantitativ eine Minderheitenbevölkerung dar, die in Anlehnung an eine ständisch strukturierte Gesellschaft Politik, Ökonomie und Kultur bis in das endende 19. Jahrhundert weitgehend bestimmte.
Bis 1865 galt das Gesetz für die Evangelisch-Lutherische Kirche in Russland von 1832 als das Regelwerk für das Leben der einzelnen Bevölkerungsteile.[1] Durch dieses Gesetz wurden erstmalig die Lutherischen Kirchen der Ostseeprovinzen mit der Lutherischen Kirche der Deutschen im Russischen Reich zusammengefasst.[2] Im Zuge der Unifizierungsbestrebungen seitens der russischen Regierung verlor die deutschbaltisch geprägte Landeskirche ihre führende konfessionelle Rolle, die nunmehr die Griechisch-Orthodoxe Kirche

---

[1] Vgl. ELKG, § 66.
[2] Vgl. Burchard Liebig, Spes mea Christus – Die evangelische-lutherische Kirche Estlands, in: Die lutherische Kirche im Baltischen Raum, hrsg. v. Wilhelm Kahle, Erlangen 1985, S. 37.

Anja Wilhelmi

einnahm.³ In den Republiken Lettland und Estland schließlich erfolgten (ab 1919) Gesetzesreformen, mit denen den Minderheiten Religionsfreiheit zugesprochen wurde. In Lettland wurde eine „deutsche Abteilung" innerhalb der nationalen Landeskirche gegründet; in Estland gingen die deutschen Gemeinden ohne Separierung in die Landeskirche ein.⁴

Welche Position wird einer Kirche im Alltag ihrer Mitglieder zuteil, die lange Zeit gesellschaftsstrukturierend wirkte bzw. deutschbaltische Dominanz förderte? Und welchem Verständnis von Religion folgten ihre Mitglieder? Wie ist darüber hinaus (christliche) Religiosität – verstanden „als Bündel von religiösen Überzeugungen und Verhaltensweisen" – nachzuweisen?⁵ Sind über den kirchlich festgelegten Kalender mit seinen Festtagen hinaus Spuren von Religiosität, von Glaubenspraktiken im Alltag von Familien und Individuen erkennbar?⁶

Diesen Fragen soll in den folgenden Ausführungen nachgegangen werden. Im Mittelpunkt der Betrachtung stehen die „weibliche" Perspektive, die Erfahrungswelten von Frauen. Dabei wird auf die in der Religionswissenschaft relativ junge Forschungsperspektive der *gender studies*⁷ mit folgenden zentralen Ansatzpunkten rekurriert:
– Welchen Anteil hatten Frauen am religiösen Leben,

---

³ Y., Kirchliches Leben [der Deutschbalten], in: Handwörterbuch des Grenz- und Auslandsdeutschtums. Bd. 2, hrsg. v. Carl Petersen (u.a.), Breslau 1936, S. 208.
⁴ Ebd., S. 211; sowie Heinrich Wittram, In der Freiheit bestehen. Evangelische Kirchen in den baltischen Ländern zwischen gestern und morgen, Leipzig 1999, S. 32.
⁵ Lucian Hölscher, „Weibliche Religiosität"? Der Einfluß von Religion und Kirche auf die Religiosität von Frauen im 19. Jahrhundert, in: Erziehung der Menschen-Geschlechter. Studien zur Religion, Sozialisation und Bildung in Europa seit der Aufklärung, hrsg. v. Margret Kraul / Christoph Lüth, Weinheim 1996, S. 45-63, hier S. 45.
⁶ Leider existiert eine Untersuchung der „Lebensriten", wie sie mit Lucian Hölscher, Geschichte der protestantischen Frömmigkeit in Deutschland, München 2005, S. 201-208 vorliegt, für den Untersuchungsraum nicht.
⁷ Einen Überblick über die „erste Phase" bietet Regina Sommer, Lebensgeschichte und gelebte Religion von Frauen. Eine qualitativ-empirische Studie über den Zusammenhang von biographischer Struktur und religiöser Orientierung, Stuttgart (u.a.) 1998, S. 59-66.

– welchen Anteil besaßen sie an religiöser Autorität und Führung,
– und fanden „weibliche" Spezifika der Religionsausübung – im Rahmen der Familie – Eingang?[8]
Die Quellen für diese Spurensuche bilden autobiografische Schriften[9]. „Identitätsformulierungen"[10], religiöser sowie geschlechtlicher Art sollten gerade in diesen – wie Charlotte Heinritz in ihren Studien für das Deutsche Reich festhält – „Texten der Selbstidentifikation" besonders deutlich zum Ausdruck kommen.[11]

Frau und Religion

„Das höchste Ideal, auf welches die Frau durch ihre ganze Veranlagung hingewiesen wird, ist die Religion. Ihre körperliche Gebrechlichkeit, ihr besonderes Bedürfniß nach Halt und Stütze (...) bereiten ihr Gemüth von Kindheit an für den reinen, hingebenden Gottesglauben."[12] Diese 1887 in der Rigaschen Hausfrauenzeitung[13] publizier-

---

[8] Vgl. dazu den ausführlichen Fragenkomplex bei Ursula King, Gender-kritische (Ver-)Wandlungen in der Religionswissenschaft. Ein radikaler Paradigmenwechsel, in: Handbuch Gender und Religion, hrsg. v. Anna-Katharina Höpflinger (u.a.), Göttingen 2008, S. 29-40, hier S. 32f.
[9] Die zu Grunde liegenden Autobiografien stammen aus einem Sample, das als Grundlage für die Monografie der Autorin „Lebenswelten von Frauen der deutschen Oberschicht im Baltikum (1800-1939). Eine Untersuchung anhand von Autobiografien. Wiesbaden 2008" zusammengetragen wurde.
[10] Wolfgang Gippert, Vertextete Fremdheit – inszeniertes Selbst. Ansätze zur Erschließung von Selbst- und Fremdkonstruktionen in autobiografischen Schriften deutscher Lehrerinnen an der Wende vom 19. zum 20. Jahrhundert, in: Gender-Geschichte/n. Ergebnisse bildungshistorischer Frauen- und Geschlechterforschung, hrsg. v. Walburga Hoff / Elke Kleinau / Pia Schmid, Köln (u.a.) 2008, S. 291-311, hier S. 291.
[11] Dazu Charlotte Heinritz, Autobiographien als Medien lebensgeschichtlicher Erinnerungen, in: BIOS 21 (2008), H. 1, S. 114-123, hier S. 115.
[12] W. Gleim, Der Idealismus in der Ehe, in: Rigasche Hausfrauen-Zeitung 4 (14.10.1887), Nr. 41, S. 153. Zu Gleim auch Juliane Jacobi, Religiosität und Mädchenbildung im 19. Jahrhundert, in: Erziehung der Menschen-Geschlechter. Studien zur Religion, Sozialisation und Bildung in Europa seit der Aufklärung, Weinheim 1996.
[13] Die RHZ wurde ab 1883 von Marie von Redelien herausgegeben, 1892 publizierte von Redelien das mehrfach aufgelegte Hauswirtschaftsbuch „Haus und Herd" in Riga.

ten Worte verraten viel über das zeitgenössische Frauenbild,[14] in dem Frauen aufgrund ihrer – man könnte sagen – defizitären körperlichen Konstitution mit Religion und Religiosität in Verbindung gebracht wurden. Im hier suggerierten Unterschied zum Mann bereiteten, eben bedingt durch die Veranlagung der Frau, ihre Schutz- und Haltlosigkeit die Grundlagen für einen „reinen" Glauben, für ein „ungebildetes" Verständnis von Glaube und Religion. Sie, die Frau, bleibt demnach auf kindlichem Niveau stehen, Reflexionen über Glauben und Religion werden von ihr nicht erwartet.

Die Vorstellung eines kindlichen Glaubens, eines Glaubens, der sozusagen mit der Geburt vor jeder religiösen Erziehung vorhanden ist, etablierte sich Ende des 19. Jahrhunderts. Mit ihr wurde eine positive Konnotation verbunden, denn im Gegensatz zur Erwachsenenreligiosität wurde dem angeborenen Glauben eine „subjektive Wahrhaftigkeit" zugeschrieben.[15] Und mit ihr wurde von einem unvoreingenommenen Verständnis ausgegangen, das die Grundlage für einen direkten Zugang zum Glauben bereitete.

Eine Auseinandersetzung mit Religion, religiösen Praktiken oder Glaubensfragen widersprach zudem erzieherischen Grundsätzen, in denen Reflexionen, eigenständige Meinungsbildung und Diskussionen nicht angestrebt wurden. Diese Erziehungsgrundsätze fanden sowohl in der häuslichen als auch in der schulischen Erziehung Anwendung. Ihre Auswirkungen reichten bis in das (höhere) deutsche Mädchenbildungswesen, in das bis ins endende 19. Jahrhundert keine Institutionen vergleichbar den Gymnasien als Foren geistigen Austauschs zur Verfügung standen.[16]

Das religiös zementierte Frauenbild stellt – dies bleibt zu ergänzen – kein regionales Spezifikum dar, es ist Teil eines Genderkonstrukts, das sich im beginnenden 19. Jahrhundert in den deutschen Ländern zunächst im Bürgertum etablierte. Seine Wirkungsmacht zeigte sich in der Adaption durch den Adel und seine über den

---

[14] Allg. zum Bild der Frau: Herlinde Pissarek-Hudelist, Das Bild der Frau im Wandel der Theologiegeschichte, in: Die Religion der Geschlechter. Historische Aspekte religiöser Mentalitäten, hrsg. v. Edith Saurer, Wien (u.a.) 1995, S. 15-31.
[15] Hölscher, Geschichte (wie Anm. 6), S. 281.
[16] Gleichwohl entstanden seit den 1870er Jahren russischsprachige Gymnasien für Mädchen, die von der deutschen Bevölkerungsgruppe nicht angenommen wurden.

deutschsprachigen Raum hinausgehende Verbreitung, die in den Ostseeprovinzen mit zeitlichen Verzögerungen auch die Mehrheitsbevölkerungen erreichte.[17] So ist die in der Forschung umschriebene „Feminisierung" von Religion, d.h. die Mitwirkung von Frauen in Religion und Kirche, nur mit Hilfe dieses bipolaren Konstrukts versteh- und begründbar.[18]

In und mit ihm wurde die religiöse Komponente als ein elementares Merkmal weiblicher Stereotypisierung gefestigt. Charaktereigenschaften wie moralische Stärke, Opferbereitschaft, Gehorsamkeit und Bescheidenheit ergänzten das Bild von der „natürlich" veranlagten religiösen Frau und hoben gleichsam Frau und Mann voneinander ab.

Die Popularität solcher Stereotype lässt sich auch in den untersuchten Autobiografien finden: Deskriptionen zu Frauen orientierten sich am zeitgenössischen Raster von „Weiblichkeit". Eine positive Darstellung der Frau basierte stets auf sichtbar „weiblich" zugewiesenen Eigenschaften, unter denen der „Glaubenstiefe" eine zentrale Bedeutung beigemessen wurde.[19]

---

[17] U.a. nachzulesen bei Sirje Kivimäe, Deutsche Frauenbildung im Nordosten, in: Der finnische Meerbusen als Brennpunkt. Wandern und Wirken deutschsprachiger Menschen im europäischen Nordosten, hrsg. v. Robert Schweitzer / Waltraud Bastman-Bühner, Helsinki 1998, S. 191-215.
[18] Ursula Baumann, Protestantismus und Frauenemanzipation in Deutschland 1850 bis 1920, Frankfurt; New York 1992, S. 35; Rebekka Habermas, Frauen und Männer des Bürgertums. Eine Familiengeschichte (1750-1850), Göttingen 2000, S. 329; Sylvia Paletschek, Adelige und bürgerliche Frauen (1770-1870), in: Adel und Bürgertum in Deutschland 1770-1848, hrsg. v. Elisabeth Fehrenbach, München 1994, S. 163; Rebecca Habermas, Weibliche Religiosität – oder: Von der Fragilität bürgerlicher Identitäten, in: Wege zur Geschichte des Bürgertums, hrsg. v. Klaus Tenfelde / Hans-Ulrich Wehler, Göttingen 1994, S. 125-148, hier S. 126. Insbesondere im Kontext der Säkularisation als Entdeckung und Mitwirkung von Frauen in Kirche und Religion verstanden. Vgl. Hugh McLeod, Weibliche Frömmigkeit – männlicher Unglaube? Religion und Kirchen im bürgerlichen 19. Jahrhundert, in: Bürgerinnen und Bürger. Geschlechterverhältnisse im 19. Jahrhundert, hrsg. v. Ute Frevert, Göttingen 1988, S. 134-156, hier S. 141ff.
[19] Vgl. dazu die Beispiele bei Hölscher, „Weibliche Religiosität"? (wie Anm. 5), S. 51f.

Anja Wilhelmi

Familienalltag und Religion

Die Familie ist als die Primärinstanz für die Vermittlung von Vorstellungen zu Religion und religiösen Praktiken zu verstehen. Über das Vorleben von religiösen Sitten, Gebeten, Hausandachten oder Ähnlichem wurde Religion zu etwas Ererbten, als Bestandteil familialer Tradition.[20]

In diesem Gefüge dienten Mütter mit der ihnen zugewiesenen Veranlagung zu Religiosität und in ihrer Funktion als Erziehende für die Weitergabe „weiblicher Frömmigkeit" an die nachfolgende weibliche Generation.[21] Institutionelle, außerhäusliche Religions- und Glaubensvermittlung wie der Kirchgang waren in diesem Kontext unmaßgeblich. Für das ganze 19. Jahrhundert lässt sich anhand der untersuchten Autobiografien darlegen, dass deutschbaltische Kinder einen regelmäßigen Kirchenbesuch nicht kannten.[22] Für die auf dem Land ansässige Bevölkerung erklärt sich dies in der Nutzung der Kirche durch die bäuerliche, estnische bzw. lettische Gemeinde. Darüber hinaus war im Erziehungskonzept deutschbaltischer Familien eine bewusste ethnisch-soziale Trennung unzweifelhaft vorgegeben. Insbesondere anhand von Kindheitserinnerungen lässt sich eine solche soziale Distinktion bis in das 20. Jahrhundert hinein belegen. Dieses Merkmal weisen v.a. Kindheitserinnerungen aus Familien der ökonomischen und Herrschaft ausübenden deutschen Oberschicht auf: Gutsherren-, Pastoren-, Hauslehrer- oder Arztfamilien, in ihnen wird eine Separierung von „den Bauernkindern" deutlich.

Religiöses Wissen in Form von Kenntnissen der Bibel erhielten deutschbaltische Kinder im Familienkreis. Hier wurden regelmäßig und zu festen Zeitpunkten Andachten, Hausandachten, durch den Familienvater gehalten. Diese Andachten wurden von den Autobio-

---

[20] Vgl. Hölscher, Geschichte (wie Anm. 6), S. 282f.
[21] Dazu auch ebd., S. 284.
[22] Marie v. Engelhardt, Memoiren. Puchow in Mecklenburg 1923. unveröffentl. Ms., im Privatbesitz, S. 19 (1850 in Riga/Livland (Lettland) geboren, 1925 in Puchow/Mecklenburg gestorben, Tochter des Arztes Roderich von Engelhardt und der St. Petersburgerin Charlotte, geborene Jung-Stilling). Marie von Engelhardt beispielsweise kannte nur die Form der Hausandacht, obwohl ihre Eltern Kirchgänger waren.

grafinnen als Familienrituale geschildert. Und je nach Bewertung dieser Zusammenkünfte fiel ihre Darstellung aus: Die Palette reicht von Familienidylle über lustige Szenerie bis hin zur Konfliktsituation.

Ein Ende des 19. Jahrhunderts geborenes Mädchen aus einem Landarzthaushalt beispielsweise schildert die Andacht wie einen Entwurf eines Familienporträts: Vater und Mutter sitzend, die Kinder stehend, wobei der Vater in einiger Entfernung zum Rest der Familie aus einem Andachtsbuch liest, die Mutter hingegen den Platz am Klavier einnimmt; sie wiederum umrahmt von den stehenden Kindern. Dieses Bild vermittelt die Distanz zwischen Lehrendem oder Gebendem auf der einen und Aufnehmenden auf der anderen Seite. Kinder und Frau erfahren den häuslichen „Gottesdienst" durch das Familienoberhaupt, das zugleich in Stellvertretung zum Gemeindepastor seiner familiären Gemeinde vorsteht. Die Frau sitzt in diesem Szenario, in Analogie zu dem hier erweiterten Bild von Weiblichkeit als musisch veranlagte und erzogene Frau am Klavier.[23]

Im Rahmen von Hausandachten fungierte demnach ein zentraler, für alle Familienmitglieder öffentlich zugänglicher Raum als eine stellvertretend für die Kirche geeignete Lokalität. Die erforderliche Nutzung des Klaviers setzte voraus, dass es sich hierbei nicht um eine separate Räumlichkeit handeln konnte, sondern um einen Raum, der für verschiedene Formen des (inner-)familiären sowie außerfamiliären Austausches zur Verfügung, und der somit auch für weitere, musikalische Inszenierungen offen stand.

Diese originär dem protestantischen Bürgertum in den deutschen Ländern zugeordnete Nutzbarmachung von Profanem und Sakralem in Wohnräumen lässt sich somit auch im vorliegenden Untersuchungsraum wiederfinden.[24] Eine solche Form der Doppel- oder Mehrfunktionalität ist daher weniger als regionales Merkmal, denn als Merkmal innerfamiliärer religiöser Praktiken im Rahmen des

---

[23] Vgl. Elisabeth v. Engelhardt, Erinnerungen aus meiner Kinderzeit in der Baltischen Heimat 1897, unveröffentl. Ms., im Privatbesitz, S. 15 (1897 geboren, 1978 gestorben, Tochter des Militärarztes Arvid von Engelhardt und Emmy, geborene Sokolowski).

[24] Vgl. Habermas, Weibliche Religiosität (wie Anm. 18), S. 128.

evangelisch-lutherischen Glaubens zu werten, wie für die Ostseeprovinzen am Beispiel der Hausandacht sichtbar wird.

Nur aus wenigen Quellen geht hervor, um was für eine Art literarische Andachtsvorlage es sich handelte. Im vorliegenden Beispiel las der Vater aus einem Andachtsbuch von Heinrich Spengler. Spengler war als Geistlicher im Deutschen Reich mit v.a. zwei Publikationen in Familienhaushalten bekannt:[25] „Haussegen. Andachten für jeden Tag des Jahres am Morgen oder am Abend", Bielefeld 1898, oder „Pilgerstab. Morgen- und Abend-Andachten für das ganze Jahr", Bielefeld 1882.

Bei der Betrachtung der Autobiografien *in toto* lässt sich eine starke Dominanz an negativen Wertungen von Hausandachten bei den berichtenden Autobiografinnen belegen: „Aber an der alteingeführten Sitte jeden Sonntag selbst der Familie eine Predigt vorzulesen, hielt Papa unabänderlich fest, klein und groß, Gast oder Hausgenosse, jeder musste stillschweigend daran teilnehmen. Das war damals überhaupt so Sitte und Verpflichtung aller Hausväter."[26] Die in der Regel sonntagmorgens vom Vater angesetzte Andacht wurde in weiteren Autobiografien als ein fester Termin für alle zu der Zeit im Haus Befindlichen, ob Familienmitglieder, Angestellte oder Gäste, dargestellt. Der Hausherr bestimmte demnach nicht nur die Form der Glaubensvermittlung, er übertrug seine ‚Hausgewalt' auch auf die Pflicht oder – je nach Perspektive – Gastfreundschaft Nichtfamilienmitgliedern gegenüber, an der religiösen Praxis der Familie teilzuhaben.

In anderen Fällen ist die Aufnahme der Predigt sogar ausschließlich mit der Komik der Situation verbunden. Inhaltliche Aussagen, die den Transfer von religiösem Wissen näher erläutern, werden in keiner Deskription Preis gegeben. Eine Einstufung des genannten Andachtsbuchs von Spengler erfolgte, wie der im folgenden Exempel genannte Hofackersche Predigttext, der vom Vater zitiert wurde,

---

[25] Gemeint ist der Religionswissenschaftler Heinrich Spengler, der um die Jahrhundertwende zahlreiche Andachtsbücher in Bielefeld veröffentlichte. Leider liegen zu seiner Person und zur Rezeption seiner Werke keine Forschungen vor.

[26] [Tante Aline], Familienerinnerungen. unveröffentl. Ms., Archiv der Carl-Schirren-Gesellschaft, S. 25 (1835 geboren).

ebenfalls nicht. Dabei handelte es sich um die Predigten des Pietisten[27] Ludwig Hofacker, der im Gegensatz zu dem wenig überlieferten Wirken Spenglers mit seinen Rundschriften in der Erweckungsbewegung große Popularität erlangte. „In den Ferien, wenn Karl und Gustav [die Brüder der Berichtenden; A.W.] da waren, verliefen die langen Hofacker Predigten[28] viel unterhaltender, dann hatte man doch einander zu beobachten und dabei das stets drohende Lachgelüst zu bekämpfen."[29] Das stille Sprechen des Vaterunsers schloss sich in dieser Deskription als einzig ernster Punkt der Hausandacht an.

Der Pietismus war in Form herrnhutischer Ausprägung eine in den Ostseeprovinzen mit Traditionen ins 18. Jahrhundert hinein reichende populäre Glaubensausrichtung. Aus ihr entstand eine mehrheitlich von Esten und Letten getragene Glaubensgemeinschaft. Als aufstrebende „Volkskirche" wurde ihr jedoch von der deutschbaltisch geführten Evangelisch-Lutherischen Kirche (ab 1852) mit Argwohn und Abkapselung begegnet. Insbesondere die Abwendung von Hausandachten zu Gunsten von Betstunden in öffentlichen Bethäusern wurde von Seiten der Evangelisch-Lutherischen Kirche stark kritisiert.[30] Eine Übernahme herrnhutischen Glaubens ist daher in den vorliegenden Autobiografien nicht nachweisbar Leider liegen keine weiteren Forschungen zu theologischen Fragen der Evangelisch-Lutherischen Kirche in den Ostseeprovinzen vor, so dass eine generelle Einordnung oder Beschreibung von Glaubensrichtungen

---

[28] M. Ludwig Hofacker (bedeutender Prediger der württembergischen Erweckungsbewegung, 1798-1828). Als Verfasser einiger Predigtschriften wie „Predigten für alle Sonn-, Fest-, und Feiertage nebst einigen Grabreden. Stuttgart 1842" und Rundschriften erhielt er hohen Bekanntheitsgrad. Zur Verbreitung seiner Schriften im Baltikum liegen keine weiteren Informationen vor.
[29] [Tante Aline], Familienerinnerungen (wie Anm. 26), S. 25.
[30] Vgl. Theodosius Harnack, Die Lutherische Kirche Livlands und die Herrnhutische Brüdergemeinde. Ein Beitrag zur Kirchengeschichte neuerer und neuester Zeit, Erlangen 1860; Nachdr.: Amsterdam 1968; Christian Ulmann, Das gegenwärtige Verhältniß der evangelischen Brüdergemeinde zur evangelisch-lutherischen Kirche in Liv- und Esthland mit Berücksichtigung von J.R.R. Quarnstubbe's Buch: „Auch ein Wort in Sachen Herrenhut's in Livland, Leipzig 1861", Berlin 1862.

noch zu erarbeiten wäre.³¹ Der einzige Hinweis, der v.a. zeitgenössischen Lebensdarstellungen von Pastoren zu entnehmen ist, ist ein theologischer Spannungsbogen, in dem der Konflikt mit Herrnhut und Rationalismus zu Gunsten eines landeskirchlichen Richtungswandels weg von „lutherischer Orthodoxie" mit pietistischem Einfluss hin zu mehr Rationalismus ab Mitte des 19. Jahrhunderts zu Tage trat.³² Dabei stellte das Theologische Seminar der Universität Dorpat das Impuls gebende Zentrum innerhalb dieser Diskussion dar.

Noch intensiver betrieb der Vater eines aus dem deutschbaltischen Adel stammenden Mädchens die „religiöse Wissensvermittlung". In dieser Familie wurde die Andacht allmorgendlich am Frühstückstisch verlesen. Genau erinnert sich die Autobiografin, dass hier jedes Familienmitglied aktiv an der Andacht teilzunehmen hatte, indem es das Glaubensbekenntnis aufzusagen hatte. Beendet wurde die Hausandacht mit dem gemeinsamen Singen eines Chorals in Klavierbegleitung. Das bereits genannte Klavier bot demnach stets auch die Grundlage für eine musikalische Umrahmung der Hausandacht.³³ Es diente als Ersatz für die Orgel dazu, religiöses Wissen und religiöse Werte auch musikalisch bei den Singenden zu verankern.

Dieses exemplarisch für Hausandachten des Adels genannte Beispiel lässt eine klare Trennung zwischen der Ritualisierung von Hausandachten im deutschbaltischen Adel und in einer „nicht-adligen", akademisch gebildeten Oberschicht³⁴ nicht zu. Hausandachten sind in Bezug auf ihren Verlauf und ihre personelle Ausführung einem einheitlichen Muster zuzuordnen, das von der Mehrheit

---

[31] Was hingegen vorliegt, sind Arbeiten zur Situation der Kirche (u.a. Heinrich Wittram, Wilhelm Kahle, Horst Garve) und v.a. zur Auseinandersetzung mit den Herrnhutern (s.o.).

[32] Vgl. Reinhard Wittram, Drei Generationen. Deutschland, Livland, Russland 1830-1914. Göttingen 1949, S. 161.

[33] Vgl. Mary v. Krusenstiern, Erinnerungen aus meinem Leben. 3 Bde., im Privatbesitz, S. 16 (um 1870 in Wiek/Estland (Läänemaa) geboren, in den 1950er Jahren bei München gestorben, Tochter von Ernst von Ramm und Marie, geborene von Nasackin).

[34] Der Begriff des Bürgertums ist für die deutschbaltische, zumal ländlich strukturierte Bevölkerungsgruppe der Ostseeprovinzen mit Recht unüblich, da vergleichbare Rechte spät ausgesprochen wurden.

Alltag deutschbaltischer Familien

deutschbaltischer Bevölkerungsteile in die familiäre Religionspraxis aufgenommen wurde.

Obgleich in allen Deskriptionen Väter Hausandachten leiteten, konnte in explizit benannten Ausnahmesituationen, bei Abwesenheit des Vaters, die Mutter diese vakante Stelle übernehmen. Aber auch mit dieser personellen Umbesetzung fiel die Bewertung der Zeremonien auf Seiten der Kinder nicht anders aus. Langeweile und offenkundiges Desinteresse, die häufigsten Bewertungsattribute der Kinder, konnten auch in dieser Konstellation missbilligt werden. In der bereits oben genannten adligen Familie beispielsweise erfolgte die Zurechtweisung durch die Mutter mit „Rutenschlägen".[35]

Mütter fungierten demnach in einer Zahl von Familien als Stellvertreter für ihre Männer, wenn diese mit außerfamiliären Verpflichtungen betraut waren. Regelrechte Ausnahmen stellten Pastorenfamilien dar, wo es nahezu unmöglich war, dass der Vater als Pastor zeitgleich den Gottesdienst für die Gemeinde und für die Familie abhielt. Daher war es in diesen Familien keine Seltenheit, wenn Mütter die allsonntägliche Aufgabe übernahmen. „Am Sonntagvormittag, wenn der Vater in der Kirche Gottesdienst hielt, las uns die Mutter regelmäßig eine Predigt oder eine Betrachtung aus den Stunden der Andacht vor. Daß die gute Alte jedesmal dabei so gerührt wurde und von Anfang bis Ende ihre Tränen die Wangen entlang rollten, war mir als Kind recht unbegreiflich, da mir das Vorgelesene gar nicht so traurig erschien, nur leider zu lang. Daher im Stillen die Seiten zuweilen zählte, wenn die Mutter umblätterte [...]".[36]

Die Privatandachten in der Familie stellen ein durch Martin Luther wieder aufgenommenes, fest etabliertes Element der religiösen Praxis in der Evangelisch-Lutherischen Kirche dar. Inwieweit diese häusliche Praxis gegenüber dem Kirchengottesdienst jedoch intensiver den Glauben festigte bzw. religiöse Inhalte vermitteln konnte, ist anhand der Quellen nicht zu belegen. Eine ungezwungene

---

[35] Ebd.
[36] Sophie Strümpell, Jugenderinnerungen aus Kurland. 2 Tle., unveröffentl. Ms., Archiv der Carl-Schirren-Gesellschaft, S. 44 (1823 in Mitau/Kurland (Jelgava/Lettland) geboren, 1893 in Königslutter gestorben, Tochter des Pastors Gottfried Bielenstein und Emilie, geborene von Klebeck).

Anja Wilhelmi

Situation oder gar die Deskription religiöser Erbauung – beide als Argument von kirchlicher Seite für das Abhalten von Hausandachten herangezogen – sind keiner Autobiografie zu entnehmen. Erziehungs- und hierarchisch geformte Familienstrukturen boten in diesem Kontext auch nicht den Raum für einen ungezwungenen familiären Umgang. Wenngleich das Vorleben des Glaubens und die Übergabe religiöser Traditionen der Familie ohne Zweifel bestanden haben muss, eine Auseinandersetzung in Form von Diskussionen um das religiöse Wissen und eine religiöse Wertevermittlung blieb aus.[37] Festzuhalten bleibt, dass für den Untersuchungsraum ebenso wie für andere evangelisch-lutherisch geprägte Gebiete die praktische Ausführung der Hausandacht dem Hausherrn und Vater zugewiesen wurde. Diese Zuordnung entspricht der durch Martin Luther erneuerten Vorgabe bzw. Weitergabe des allgemeinen Priestertums an den Hausvater. Die Übertragung auf den Einzelnen (hier auf den Vater) sollte so der (hier familiären) Gemeinschaft durch gemeinschaftliches Handeln zugute kommen.

Die in einer Autobiografie explizit genannte literarische Grundlage für die Hausandacht durch ein pietistisches Andachtsbuch verdeutlicht, dass auch die Ostseeprovinzen von geistig-religiösen Impulsen berührt wurden. Denn im Bereich der Hausandachten erlangten pietistische Andachts- und Gebetsbücher starke Popularität. In diesen Andachtsbüchern waren die Grundzüge von Hausandachten vorgegeben: der Bibeltext, seine Auslegung, ein Gebet, das Vaterunser und ein den Gottesdienst beendendes Lied.[38] Als Bausteine lassen sie sich in den untersuchten Deskriptionen zu Hausandachten sehr wohl wiederfinden.

Neben Andachten machten Gebete einen weiteren Fundus an Erinnerungsmomenten aus. In den geschilderten Betsituationen stand erneut nicht der Inhalt des Gebets im Vordergrund. Das Gebet wurde als Raum für intime Zweisamkeit mit der Mutter in seine Bedeut-

---

[37] Dazu die auch auf den Untersuchungskontext übertragbare Definition von Hausandachten als „der Ort, an dem sich die persönliche und die gemeinschaftliche Frömmigkeit im Tageslauf ausübt und einübt", Religion in Geschichte und Gegenwart. Handwörterbuch für Theologie und Religionswissenschaft. Tübingen 2000, S. 1478.
[38] Ebd., S. 1479.

samkeit gehoben. Gebete wurden stets gemeinsam mit der Mutter und in Abwesenheit anderer Familienmitglieder gesprochen. Erfahrungen der Kindheit basieren hier also vorrangig auf einem Tochter-Mutter-Verhältnis, in dem Töchter sich nach mehr Raum in ihrer Beziehung zur Mutter sehnten.[39] Dies erklärt sich v.a. durch eine Familiensituation, in der eine hohe Anzahl an Geschwistern die Kindheit in einer Adelsfamilie im 19. Jahrhundert prägte.

Im 20. Jahrhundert verschwanden die Hausandachten aus den Autobiografien. Ebenso verhielt es sich mit der Nennung von Gebeten, wie auch in der Deskription der Mutter bzw. der Tochter-Mutter-Beziehung eine vergleichbare Betonung der erlebten Zweisamkeit fehlt.[40] Das Gebet als der zeitliche Rahmen für Intimität zwischen Tochter und Mutter wurde durch keinen neuen Raum ersetzt. Ob diese Veränderung Hinweise auf ein modifiziertes, als weniger defizitär empfundenes Beziehungsgeflecht der Tochter gegenüber ihrer Mutter zulässt, bedarf jedoch an anderer Stelle näherer Verifizierung.

Auf den ersten Blick scheint es, dass die Untersuchungsergebnisse zu Andacht und Gebet mit den Forschungen zu westeuropäischen Regionen übereinstimmen, wenn von einem Entfremdungsprozess durch den Funktionsverlust von Religion und Glaube(nstransfer) die Rede ist. Dort wird dieser Wandel mit Veränderungen in Haushalts- und Familienstrukturen in Zusammenhang gesetzt.[41] Prozesse wie die Übertragung von Religion und Religionstransfer auf schulische Institutionen, die mit einer Verringerung der

---

[39] Vgl. Karola v. Hoyningen-Huene, Mein Leben für meine Kinder niedergeschrieben. Tl. 1: 1911-1945. unveröffentl. Ms., Archiv der Carl-Schirren-Gesellschaft, S. 2 (1911 auf Gut Strutteln/Kurland (Strutele/Lettland) geboren).
[40] Dietlind Richter, geb. Asmus, Kinderjahre im Baltikum. Jugend im Schatten des Krieges. 78 S., unveröffentl. Ms., Archiv der Carl-Schirren-Gesellschaft, S. 22 (1926 in Riga/Livland (Lettland) geboren, Tochter von Erna Krüpe, Vater Angestellter der Rigaer Commerzbank Karl Asmuß).
[41] Vgl. Richard Wall, Zum Wandel der Familienstrukturen im Europa der Neuzeit, in: Historische Familienforschung. Ergebnisse und Kontroversen: Michael Mitterauer zum 60. Geburtstag, hrsg. v. Josef Ehmer, Frankfurt a.M.; New York 1997, S. 255-275, hier S. 272. Gemeint sind das Ausscheren von Familienfunktionen auf außerhalb der Familie wie Institutionen oder der Wandel des „relativen" Status einer Familiengruppe.

Familiengröße einhergingen, können auch für die Region der Ostseeprovinzen nachgezeichnet werden.

Ein Gegenlicht entsteht jedoch bei der Betrachtung des Untersuchungszeitraums in seiner Gänze. Denn mehr als in Form einer Randbemerkung wurde Religionsausübung oder Glaube in den Autobiografien kaum thematisiert.[42] Eine Charakterisierung geschah höchstens in allgemeinen Chiffren: „wir lebten ganz einfach und selbstverständlich im christlichen Kirchenjahr"[43] stellt eine dieser gebräuchlichen Formeln dar. Wenn auch die das Kirchenjahr zäsierenden Feste ausführliche Erwähnung fanden, so betraf ihre Skizzierung doch lediglich das ihnen innewohnende Familien einende Moment, die Zusammenführung aller Familienmitglieder beispielsweise zu Weihnachten.

Auch erfolgten die Reflexionen zu Gebeten oder Hausandachten allesamt aus der Perspektive der Kindheit. Erwachsene Frauen, ob ledig oder verheirateten Status, verrieten nichts über den eigenen Glauben oder gar die von ihnen praktizierte Vermittlung von Glauben auf die nachfolgende Generation, ihre Kinder.[44]

Die Konfirmation

Religion kann jedoch auch als „ordnende Funktion" innerhalb eines Lebenslaufs begriffen werden.[45] Als Ritus, der Übergänge in Lebensabschnitte mitträgt, kann sie in Autobiografien innerhalb von Tauf-, Konfirmations-, Hochzeits- und schließlich Beerdigungssituationen zu Tage treten. Sie kann in diesen Fällen biografische Einschnitte

---

[42] Ausnahmen stellen die wenigen ermittelten Bekehrungsschriften dar.
[43] Elisabeth v. Engelhardt, Erinnerungen aus meiner Kinderzeit in der Baltischen Heimat 1897, unveröffentl. Ms., im Privatbesitz, S. 15.
[44] In Studien zu anderen Regionen, wie nachfolgend Frankreich ab Mitte des 19. Jahrhunderts, wird von einer Verweigerungshaltung der Eltern gesprochen, die nicht mehr bereit sind, ihre Kinder religiös anzuleiten. Vgl. dazu Jean Delumeau, La religion de ma mère. Le rôle des femmes dans la transmission de la foi, Paris 1992, S. 330.
[45] Biographie und Religion. Zwischen Ritual und Selbstsuche, hrsg. v. Monika Wohlrab-Sahr, Frankfurt a.M.; New York 1995, hier die Einleitung der Herausgeberin S. 10.

Alltag deutschbaltischer Familien

bewirken, die mehr oder weniger intensiv eine „biographische Reflexion" verlangen.[46]

Doch selbst die gezielte Recherche nach diesen religiös-determinierten Lebenszäsuren ergibt keine Neuformulierung von Religion oder Religiosität in den deutschbaltischen Lebensentwürfen. Taufen stellten ebenso wie Beerdigungen kein explizit hervorgehobenes Ereignis in den Biografien dar. Hochzeiten wurden mehrheitlich ohne die Berücksichtigung des kirchlich-religiösen Moments der Zeremonie skizziert. Allein die Konfirmation erhält sehr viel Aufmerksamkeit in der Retrospektive der Berichtenden. Dies lässt sich bis ins letzte Drittel des 19. Jahrhunderts durch eine Rechtssituation begründen, in der bis 1865 die Konfirmation laut Gesetz für die Evangelisch-Lutherische Kirche in Russland von 1832 eine der Grundvoraussetzungen für die Legalisierung einer Verlobung darstellte.[47]

Praktisch war der Konfirmation eine Phase der Vorbereitung vorangestellt. Sie wurde auf dem Land in den Sommermonaten in einem Pastorat verbracht,[48] in der Stadt wurde der Unterricht periodisch abgehalten. Dabei wurde dem Unterricht auf dem Land eine intensivere Ausprägung zugewiesen, da hier die Unterrichtung täglich über mehrere Stunden verlief. Noch im 20. Jahrhundert wurden die Konfirmandinnen vor Antritt des Unterrichts auf ihre Kenntnisse zu Katechismus, Gesangbuch und Bibel geprüft.[49]

Insbesondere in der auf dem Land ansässigen adligen Bevölkerung bestimmten in der Regel Mütter den Zeitpunkt und die Gestaltung der Feierlichkeit wie sie auch den Pastor (oftmals nach eigenen Traditionen) für ihre Töchter auswählten. Daher war es durchaus möglich, wenn – dies ist für die erste Hälfte des 19. Jahrhunderts festzuhalten – Mütter für ihre Töchter Einzelunterricht, d.h. eine

---

[46] Ebd., S. 11.
[47] Vgl. ELKG, § 66.
[48] Vgl. die Beschreibung von Anny Hahn in: D. Traugott Hahn. Ein Lebensbild aus der Leidenszeit der baltischen Kirche, hrsg. v. Wilhelm Ilgenstein, Heilbronn 1929, S. 87.
[49] Vgl. Burchard Liebig, Spes mea Christus – Die evangelische-lutherische Kirche Estlands, in: Die lutherische Kirche im Baltischen Raum, hrsg. v. Wilhelm Kahle, Erlangen 1985, S. 55.

Einzelunterbringung in einen Pastorenhaushalt, wünschten.[50] In diesen Fällen ist auf individuelle Förderung durch die Mutter und eine nach individuellen Bedürfnissen ausgerichtete religiöse Vermittlungsform zu schließen. Für die „Vorkonfirmandin" wurde die Wertigkeit der Konfirmation nahezu ausschließlich durch den Austausch mit der Mutter erfahren, seltener auch durch ältere Schwestern.[51] In jedem Fall aber als eine weibliche Tradition erlebt.
Gegenüber der Erwartungshaltung von Müttern auf einen Gewinn an Glaubenstiefe bei ihren Töchtern und der der Töchter auf ein religiöses Erlebnis stand eine ebenso häufig anzutreffende „säkularisierte" Erwartungshaltung. Die Vorstellung von der Konfirmation als Schlüssel für die Tür zur Erwachsenenwelt und insbesondere zum Heiratsmarkt formte in diesen Fällen den zentralen Erwartungshorizont.[52] Die Konfirmation wird hier von der Mehrzahl der Autobiografinnen als Reflektionspunkt festgehalten, als Übertritt in eine neue Lebensstation betrachtet, keineswegs aber mit religiöser Festigung in Zusammenhang gesetzt.[53]

Die Vorbereitungszeit als solche wurde jedoch in den meisten Schilderungen des 19. Jahrhunderts als Reifungsprozess dargestellt. Gerade der Person des Pastors wurde hier eine Schlüsselstellung

---

[50] Ernestine von Schoultz-Ascheraden, Memoiren der Baronin Ernestine Schoultz-Ascheraden, geb. Baronesse Campenhausen. Geboren in Wesselshof den 26. Juli 1810, heimgegangen in Loddiger den 2. Juli 1902. 379 S., Riga 1908, S. 79. (geb. 1810 in Wesselshof/Livland (Veselauska/Lettland), gest. 1902 in Loddiger/Livland (Lēdurga/Lettland), Tochter von Johann Christoph Baron von Campenhausen auf Wesselhof und Clementine, geborene Baronin Wolff, Haus Neu-Laitzen).

[51] Vgl. u.a. auch Julie Charlotte Treu, geb. Schilling, Aus meinem Leben 1883. unveröffentl. handschriftl. Ms., Archiv der Carl-Schirren-Gesellschaft, S. 45 (geb. 1830 in Tirsen/Livland (Tirza/Lettland), gest. 1903 in Oppekaln/Livland (Apukalns/Lettland), Tochter des Pastors Carl Friedrich Reinhold Schilling und Julie, geborene Walter).

[52] Vgl. Gräfin Henriette Keyserling, Frühe Vollendung. Das Leben der Gräfin Marie Keyserling in den Erinnerungen ihrer Schwester, hrsg. v. Otto Freiherr v. Taube, Bamberg 1949, S. 215 (geb. 1839 in Talsen/Kurland (Talsi/Lettland), gest. 1908 in München, Tochter von Eduard von Keyserling und Theophile, geborene von Rommel).

[53] Vgl. Gunilla-Friederike Budde, Auf dem Weg ins Bürgerleben. Kindheit und Erziehung in deutschen und englischen Bürgerfamilien 1840-1914, Göttingen 1994, S. 189.

Alltag deutschbaltischer Familien

zugewiesen. Er wurde als der erste Erwachsene dargestellt, der den jungen Frauen Ernsthaftigkeit und Auseinandersetzungsbereitschaft entgegen zu bringen bereit war.[54]

Im Gegensatz zum 20. Jahrhundert sind erstmalig Schilderungen von koedukativen Unterrichtsformen auf Landpastoraten feststellbar. Auch jetzt stand im Mittelpunkt der Schilderungen die enge, als vertrauensvoll charakterisierte Nähe zum Pastor „Wir saßen oft (...) zu seinen Füßen auf Teppichen und Hockern und lauschten mit offenen Herzen seinen geistvollen Vorträgen, die uns sehr beeindruckten."[55] Das Herz auf der Seite der aufnehmenden jungen Frauen und der Intellekt auf der (anderen) Seite des gebenden Pastors – diese Form des Verstehens durch das Herz unterstreicht im vorliegendem Beispiel deutlich die Übernahme eines Frauenbildes, in dem Religion und Religiosität erfühlt wird. Der Zugang zum „erweiterten", durch den Konfirmationsunterricht transportierten Glauben wurde weder als ein Aneignungs- noch als ein Lernprozess begriffen.

Allen Mädchen, die im 19. Jahrhundert konfirmiert wurden, scheint dieser Vorgang als Zäsur im Lebenszyklus bekannt gewesen zu sein. Ein Verständnis, das sie mit bürgerlichen sowie adligen Mädchen in protestantischen Gebieten über die Grenzen der Ostseeprovinzen hinaus teilten.[56]

Im Laufe des 20. Jahrhunderts verloren sich die Traditionen des Konfirmationsunterrichts zu Gunsten eines reinen koedukativen Gruppenunterrichts.[57] Zeitgleich lassen sich in den Deskriptionen die gesonderte Hervorhebung der Person des Einsegnenden und das positiv geschilderte Verhältnis zu derselben kaum mehr nachweisen.[58]

---

[54] Vgl. u.a. ebd., S. 246.
[55] Margarete v. Gersdorff, Meine Lebenserinnerungen. 3 Teile, unveröffentl. Ms., Archiv der Carl-Schirren-Gesellschaft, S. 15 (geb. 1889 in Friedrichshof/Livland (Vizla/Lettland), gest. 1974 in Waldeck, Tochter von Nikolai Ernst Heinrich Gottlieb von Preetzmann und von Aseprem).
[56] Vgl. Budde, Bürgerleben (wie Anm. 53), S. 399.
[57] Vgl. Erika Pfannschmidt, Erinnerungen. 2 Teile, unveröffentl. Ms., Archiv der Carl-Schirren-Gesellschaft, Tl. 2, S. 10 (geb. 1885 in Luggenhusen/Estland (Lüganuse)).
[58] Vgl. Irene Fürstin v. Lieven, Erlebtes. im Besitz der Carl-Schirren-Gesellschaft, S. 43 (geb. 1901 unter dem Namen Irene von Rechenbach, gen. Linten in Pillkaln/Kurland (Pilskalne/Lettland), gest. 1988 in Düsseldorf).

Anja Wilhelmi

Mit der in den Republiken von deutschbaltischen Gemeinden betriebenen Rückbesinnung auf religiöse Praktiken wurde der Konfirmandenunterricht auf den Landpastoraten wieder eingeführt. Die nunmehr überwiegend städtisch sozialisierten jungen Frauen sollten im Rahmen des konzentrierten Unterrichts alte Traditionen erleben und neue Erfahrungen sammeln.[59] Für sie prägte sich diese Zeit in der Reflexion als eine Zeit der Reglementierungen ein, die ihre Generation, bekannt mit Freizeit und Freizeitkulturen, im Gegensatz zu ihrer Mütter- und Großmüttergeneration nicht mehr kannte.[60] Die einst mehrheitlich ländlich verortete deutschbaltische Bevölkerungsgruppe war nunmehr im 20. Jahrhundert v.a. in städtischen Ballungsgebieten vertreten. Die Befriedigung von eigenen Bedürfnissen durch Freizeitangebote des ihnen vertrauteren städtischen Lebens konnten die jungen Frauen überdies in der ländlichen Einsamkeit nicht finden.

Nach wie vor stand die Konfirmation zwar für ein persönliches Glaubensereignis, als Lebenszäsur zwischen Jugend und Erwachsenheit hatte sie jetzt aber ihre Bewandtnis verloren.[61] An ihre Stelle traten andere, z.T. sehr individuell erlebte Erfahrungen, die als Zäsuren u.a. im Sport oder in der familiären Stellung (Reisebegleitung) Hervorhebung fanden.[62] Insbesondere das letzte Schuljahr, die der Erwachsenenwelt angepassten Anrede- und Erscheinungsformen, wurde nunmehr mit seiner Brückenfunktion in den neuen Lebensabschnitt Erwachsenheit erfahren.[63] Auch äußerliche Veränderungen,

---

[59] In den deutschbaltisch geführten Gemeinden wurde auf traditionelle Praktiken zurückgegriffen.
[60] Vgl. Ingeborg Kentmann, Eine Atempause lang. Kindheit und Jugend im Baltikum zwischen zwei Weltkriegen, Freiburg (u.a.) 1978, S. 175 (geb. 1916 unter dem Namen Anna Ingeborg Kentmann in Kusal/Estland (Kuusalu) oder St. Petersburg, gest. 1989 in Bielefeld, Tochter des Oberlehrers Woldemar Reinhold Kentmann und Anna Marie, geborene von Petzold).
[61] Vgl. Ingeborg v. Buxhoeveden, Sommer und Winter. Lebenserinnerungen 1920-1953. Abb., Köln 1990, S. 93 (geb. 1920 in Reval/Estland (Tallinn), Tochter des Juristen und Direktors der Revaler Aktienbank Robert von Schulmann und Karin Elisabeth, geborene Baronesse von Rosen).
[62] Vgl. ebd., S. 90.
[63] Vgl. Marie Steinwand, Meine Schulerinnerungen aus Dorpat, hrsg. v. Georg v. Rauch, Hamburg 1968, S. 23 (geb. 1886 in Dorpat/Livland (Tartu/Estland), gest. 1963 in Erlangen, Tochter des Gymnasiallehrers Georg Rathlef).

die ehedem mit der Konfirmation zusammenfielen, wie u.a. das Abschneiden des Zopfes, wurden jetzt mit dem Abschluss der Schullaufbahn verknüpft.[64]

Schlussbetrachtung

Statistische Erhebungen, wie sie zu den Abendmahlsbesuchen in den protestantischen Landeskirchen Deutschlands seit dem ausgehenden 18. Jahrhundert erstellt wurden und in denen ein Übergewicht an Frauen konstatiert wird,[65] bestehen für den Untersuchungsraum nicht, könnten auf ihn auch aufgrund anderer Kirchengangstraditionen nicht übertragen werden. Religiöse Praktiken von Frauen fanden im vorliegenden Untersuchungsfeld ausschließlich im Familienrahmen statt.

Bei den ländlich verorteten deutschbaltischen Familien dominierte die Form der Hausandacht; Kirchenbesuche waren hier mehrheitlich der estnischen bzw. lettischen Bauernbevölkerung vorbestimmt.

Auch bei der näheren Betrachtung der Durchführung von Hausandachten fehlt dem für die protestantisch geprägten Gebiete Westeuropas belegten Verlust männlicher Dominanz die Grundlage. Die für die deutschen Länder ermittelte Ursache, nämlich die Zunahme außerhäuslicher Beschäftigungen für Männer im Zuge von Modernisierungsprozessen kann anhand der vorliegenden Quellen nicht verifiziert werden, da die Nennung von Hausandachten im 20. Jahrhundert weitgehend unterblieb.[66]

Übereinstimmungen sind hingegen in der Abwertung bzw. der Abnahme von Glaube und Glaubenspraxis als Aspekten der Lebensgestaltung zu konstatieren. In welchem Umfang daher der These einer „Individualisierung" von religiösen Orientierungen beizupflichten ist, kann an dieser Stelle kaum beantwortet werden.[67] Den-

---

[64] Das war 1929; vgl. ebd., S. 137.
[65] Vgl. u.a. Hölscher, „Weibliche Religiosität"? (wie Anm. 5), S. 49.
[66] Ebd.
[67] Biographie und Religion (wie Anm. 45), S. 16. Verstanden als die in älterer Forschung häufig anzutreffende Benennung einer Säkularisierung.

noch wäre es zu einfach, die Vernachlässigung von Religiosität in den untersuchten Quellen auf eine Marginalisierung oder gar ein Nichtvorhandensein von Religion im Alltag zurückzuführen. Sie kann auch als Quellenproblem verstanden auf eine fehlende Notwendigkeit ihrer Nennung verweisen. Religiosität und religiöse Praktiken gingen damit möglicherweise in den Alltag ein – und unter, der aufgrund seiner Selbstverständlichkeit keiner Betonung bedurfte.

Es ist daher nicht zu belegen, inwieweit die in den deutschen Ländern nachzeichenbare „Familiarisierung" der Religion in den privaten Bereich v.a. bürgerlicher Familien auch auf die untersuchte Region zu übertragen ist.[68] Sowohl aus den Aufzeichnungen städtischer als auch ländlich situierter Autobiografinnen geht eine Entwicklung, in der Religion zunehmend mehr Platz im Familienraum einnimmt, nicht hervor.

Dass Religion und Religiosität im Untersuchungsraum ebenso wie in anderen Regionen ihre lebensordnende und lebenssssinnstiftende Funktion im geschichtlichen Verlauf verloren, scheint dagegen weitestgehend zweifelsfrei. Die untersuchten autobiografischen Nachlässe, in denen Taufen, religiös zelebrierte Hochzeiten oder Beerdigungen keinen Niederschlag finden, können mit dem Argument der Alltäglichkeit nicht erklärt werden.

Gerade das Beispiel der Konfirmation lässt auf außerreligiöse Deutungsmuster für Lebenszusammenhänge schließen. Hier wird der religiöse Bezug als Übergangsritual von der Kindheit in die Erwachsenenwelt klar zugunsten einer „weltlichen" Zäsur, dem Schulabschluss, begangen. An der Konfirmation lässt sich aber zugleich der Wandel eines kirchlichen Rituals belegen, dessen religiöse Komponente im Untersuchungszeitraum von einem ehemals intensiven Erlebnis des Konfirmationsunterrichts hin zu einer eher lästigen Erfahrung wird.[69]

---

[68] Habermas, Weibliche Religiosität (wie Anm. 18), S. 128. Habermas spricht von einem Prozessbeginn ab dem ersten Drittel des 19. Jahrhunderts. Oder für Frankreich: Jean Delumeau (wie Anm. 44), insbes. S. 327ff.
[69] Vgl. dazu auch die Ergebnisse von Hölscher, Geschichte (wie Anm. 6), S. 293-300.

Alltag deutschbaltischer Familien

Uneingeschränkt kann jedoch an dieser Stelle für den Untersuchungsraum der Ostseeprovinzen sowie für die deutschen Länder eine Parallelität bei der Tradierung von Religion und Glaube konstatiert werden. Religiöses Wissen wurde generell oder wenigstens idealtypisch durch Väter weitergereicht. „Informell", in Form von Gebeten und somit individuell, wurde Glaube und Religiosität durch Mütter vorgelebt und transferiert.[70]

---

[70] Die Religion der Geschlechter (wie Anm. 14), S. 13, hier widerspreche ich der These von Hölscher, der von einer geschlechtsungebundenen Religiosität spricht. Vgl. Hölscher, „Weibliche Religiosität"? (wie Anm. 5), S. 59.

Ragna Boden

KONFLIKTE DER MODERNE – RELIGION ALS ARGUMENT IN DEN
FAMILIENDISKURSEN DER DEUTSCHBALTEN

In der Diskussion um die Bedeutung der Konfession im 19. Jahrhundert lautet die zentrale Frage, auf welche Weise Religion in die Diskurse der Moderne eingepasst wurde.[1] Der amerikanische Soziologe Parsons hat dabei auf die Verbindung zwischen den Strukturen von Religion und Familie als Residuen bestimmter Wertekanones und ihre Bedeutung für den Umgang mit der Moderne hingewiesen.[2] Dabei argumentiert er wie auch die ihm folgenden Soziologen in zwei geradezu entgegengesetzte Richtungen. Einerseits verweisen sie auf die kulturerhaltende Aufgabe der Religion, die sie als Bollwerk gegen Veränderungen bzw. als Medium ihrer Verarbeitung für Individuen wie Gruppen auszuweisen scheint; andererseits auf das gesellschaftsverändernde Potential der Religion im Gegensatz zu ihren Beharrungskräften.[3]

Solche Aussagen lassen sich besonders gut am Beispiel solcher Gemeinschaften überprüfen, bei denen Konfession und Familie eine stark identitätsstiftende Rolle spielten wie bei der doppelten Minderheit (im Baltikum und innerhalb des Russländischen Imperiums) der Deutschbalten. In ihrer Auseinandersetzung mit den Herausforde-

---

[1] Zur Konfessionalisierungsthese in Bezug auf Deutschland vgl. Konfessionen im Konflikt. Deutschland zwischen 1800 und 1970: ein zweites konfessionelles Zeitalter, hrsg. v. Olaf Blaschke, Göttingen 2002; kritisch dazu: Anthony J. Steinhoff, Ein zweites konfessionelles Zeitalter? Nachdenken über die Religion im langen 19. Jahrhundert, in: Geschichte und Gesellschaft 30 (2004), S. 549-570; Carsten Kretschmann/Henning Pahl, Ein „Zweites Konfessionelles Zeitalter"? Vom Nutzen und Nachteil einer neuen Epochensignatur, in: Historische Zeitschrift 276 (2003) S. 369-392.
[2] Talcott Parsons, Family and Church as „Boundary" Structures, in: Readings on the Sociology of the Family, hrsg. v. Bert N. Adams/Thomas Weinrath, Chicago 1971, S. 356-363; ders., Das System moderner Gesellschaften, München 1972.
[3] In Auseinandersetzung mit Parsons Werk: Sigrid Brandt, Religiöses Handeln in moderner Welt: Talcott Parsons Religionssoziologie im Rahmen seiner allgemeinen Handlungs- und Systemtheorie, Frankfurt a.M. 1993, S. 121 (kulturerhaltende Aufgabe), 165, 317-321 (Potential zur Veränderung).

rungen der Moderne in Gestalt des demographischen Wandels, der Russifizierungspolitik als Ausdruck eines Nationalismus von oben, der Umgestaltung der Arbeitswelt im Zuge der Industrialisierung und den Impulsen der National- wie der Frauenbewegung führten sie einen intensiven Diskurs über die Zukunft deutschbaltischer Lebensweise.[4] Darin kam der Religion als Argument für weibliche Lebensformen eine zentrale Rolle zu, gerade in Verbindung mit der Familie. Der argumentative Umgang mit Religion zeigt, wie diese als Legitimation für verschiedene Modelle insbesondere weiblicher Lebensgestaltung herangezogen werden konnte. Im Mittelpunkt dieses Beitrags stehen also nicht Frömmigkeitsformen, sondern die diskursive Funktion von Religion bei der Aushandlung von Geschlechterordnung und –rollen im Zusammenhang mit Familiendiskursen während einer Phase beschleunigten Wandels. Dazu werden die diskursiven Verflechtungen von Argumentationsmustern entlang der Kategorien Konfession und Geschlecht untersucht und nach ihrer Instrumentalisierung in dem Diskurs über Familienmodelle und weibliche Rollenmuster gefragt.

Kristallisationspunkt der Diskussionen war die Frage nach der Vereinbarkeit von Familie und Beruf. Das Thema weibliche Erwerbsarbeit stand auch im Zentrum der allgemeinen Frauenbewegung,[5] da sie den privaten wie öffentlichen Bereich der Gesellschaft betraf und schichtenübergreifend – zumindest für die adligen und bürgerlichen Schichten – von Bedeutung war. Im Baltikum fand diese Debatte ihre Ausprägung insbesondere in den seit Mitte des 19. Jahrhunderts entstehenden deutschbaltischen allgemeinen wie auch

---

[4] Zur Interdependenz von Nationalbewusstsein und Religion vgl. exemplarisch Gangolf Hübinger, Sakralisierung der Nation und Formen des Nationalismus im deutschen Protestantismus, in: „Gott mit uns". Nation, Religion und Gewalt im 19. und frühen 20. Jahrhundert, hrsg. v. Gerd Krumeich/Hartmut Lehmann, Göttingen 2000, S. 233-237; für Osteuropa: Nationalisierung der Religion und Sakralisierung der Nation im östlichen Europa, hrsg. v. Martin Schulze Wessel, Stuttgart 2006.
[5] Fast die Hälfte des Handbuchs der Frauenbewegung hatte Berufstätigkeit zum Thema: Robert Wilbrandt/Lisbeth Wilbrandt, Die deutsche Frau im Beruf, Berlin 1902 (Handbuch der Frauenbewegung, 4); Josephine Levy-Rathenau, Die deutsche Frau im Beruf. Praktische Ratschläge zur Berufswahl, Berlin 5. Aufl. 1917 (Handbuch der Frauenbewegung, 5).

den Frauen-Zeitschriften. Am Diskurs beteiligten sich Männer und Frauen unterschiedlichen Familienstands und Berufs. Hierbei ging es im Wesentlichen darum, eine wertkonservative bürgerliche wie adlige Denkweise modern auszudeuten. Mit dem Hinweis auf den Protestantismus und die Familie als Hauptbezugspunkte deutschbaltischer Kultur wurde entweder die herkömmliche Beschränkung weiblicher Arbeit auf den familiären Bereich begründet oder aber der gesamtgesellschaftliche Einsatz der Frauen auch außer Haus.

In den Auseinandersetzungen spielte Religion als Argument innerhalb der Gruppenidentität eine entscheidende Rolle. Hier standen sich zwei Argumentationsstränge gegenüber: erstens die Bibel als Basis für die Deutung der Geschlechtercharaktere und – daraus abgeleitet – der (hierarchischen) Geschlechterverhältnisse generell und die Rollenverteilung innerhalb von Familie und Gesellschaft; zweitens die konkrete protestantische Ethik in Form des Arbeitsethos als Rechtfertigung für einen gesamtgesellschaftlichen Wirkungskreis der Frau über die Familie hinaus. Mit diesen beiden Varianten wurde Religion als das von Parsons beschriebene und von Luhmann und Geertz weiterentwickelte kulturelle System wirkmächtig[6] und zudem ganz konkret als Leitfaden im Sinne der protestantischen Ethik interpretiert.

Die Ordnung der Geschlechter

Den Bezugspunkt deutschbaltischer Vorstellungen von einem System der Geschlechterordnung bildeten die Ideen von spezifischen Geschlechtercharakteren, wie sie in den europäischen Sozialwissenschaften seit dem 18. Jahrhundert entwickelt worden waren.[7] In diesem Sinne verfasste Schriften wie Riehls „Die Familie" von 1855

---

[6] Niklas Luhmann, Grundwerte als Zivilreligion. Zur wissenschaftlichen Karriere eines Themas, in: Ders.: Soziologische Aufklärung, Bd. 3. Opladen ³1993, S. 293-308; Clifford Geertz, Religion als kulturelles System, in: ders., Dichte Beschreibung. Beiträge zum Verstehen kultureller Systeme, Frankfurt a.M. 1987, S. 44-95.
[7] Noch immer maßgeblich dazu: Karin Hausen, Die Polarisierung der „Geschlechtercharaktere". Eine Spiegelung der Dissoziation von Erwerbs- und Familienleben, in: Sozialgeschichte der Familie in der Neuzeit Europas, hrsg. v. Werner Conze, Stuttgart 1976, S. 363-401.

oder sein Beitrag „Die Frauen" von 1852 erfreuten sich großer Beliebtheit, auch im Baltikum.[8] Seine Broschüre über die Familie, die bis ins 20. Jahrhundert hinein zahlreiche Auflagen erlebte, stellte gleich zu Beginn (Kap. 1) „Die soziale Ungleichheit als Naturgesetz" vor. Wirkmächtig wurden die in solchen Publikationen propagierten Ideen auch dadurch, dass sie Eingang in allgemeine Nachschlagewerke fanden und somit breit rezipiert wurden. Die dort vertretenen Ansichten von geschlechtsspezifischen Mentalitäten und Funktionen beruhten insbesondere auf biologistischen Argumentationen. Demnach hatten körperliche Unterschiede zwischen Mann und Frau ihre Entsprechung in Charaktereigenschaften und führten zwangsläufig zu verschiedenen gesellschaftlichen Funktionen.[9] Diese Funktionen wurden ähnlich komplementär gedacht wie die realen und die nur scheinbar naturgegebenen Unterschiede. Daraus resultierte die Vorstellung, dass, wenn sich ein Geschlechtercharakter änderte, dies unweigerlich die gesellschaftliche Ordnung aus dem Gleichgewicht brächte.[10]

Neben biologischen wurden vor allem religiöse Erklärungsmuster ins Feld geführt, um die gesellschaftliche Aufgabenteilung zu begründen. Als Quelle diente in erster Linie die Bibel selbst. Zentrale Stellen zum Geschlechterverhältnis wurden aus der Schöpfungsgeschichte des Alten Testaments zitiert. Ihre Auslegung war freilich eher oberflächlich und entsprach keinesfalls einer elaborierten theo-

---

[8] Wilhelm Heinrich Riehl, Die Familie, Stuttgart; Berlin 13. Aufl. 1925; ders., Die Frauen. Eine social-politische Studie, in: Deutsche Vierteljahrsschrift (1852), Nr. 3, S. 236-296. Vgl. dazu Ute Gerhard, Verhältnisse und Verhinderungen. Frauenarbeit, Familie und Rechte der Frauen im 19. Jahrhundert, Frankfurt a.M. 1978, S. 148-152. Für die Rezeption im Baltikum: Theodor Neander, Zum Schutz der baltischen Frauen. Verschiedene Stimmen über Frauenemancipation, Frauenberuf und Frauenideal, gesammelt und commentirt, Riga 1893, S. 28-29.
[9] Vgl. Hausen, Geschlechtercharaktere (wie Anm. 7), S. 368; für die Akzeptanz bei den Deutschbalten Heide W. Whelan, The Debate on Women's Education in the Baltic Provinces, in: Bevölkerungsverschiebungen und sozialer Wandel in den baltischen Provinzen Rußlands 1850-1914, hrsg. v. Gert von Pistohlkors/Andrejs Plakans/Paul Kaegbein, Lüneburg 1995, S. 163-180.
[10] Vgl. Claudia Honegger, Die Ordnung der Geschlechter. Die Wissenschaft vom Menschen und das Weib 1750-1850, Frankfurt a.M. 1991, 214; zur Rezeption bei den Deutschbalten: Neander, Zum Schutz (wie Anm. 8), S. 39-40.

logischen Exegese. Für die Zwecke der Anwendung auf das alltägliche Zusammenleben und die Ordnung der Geschlechter schien eine textnahe Interpretation auszureichen. So blieb es bei einem recht wörtlichen Verständnis der folgenden Stellen: „ich [Gott] will ihm eine Gehilfin machen, die um ihn sei" (1. Mose 2, 18) und „er [der Mann] soll Dein Herr sein." (1. Mose 3, 16).[11]

Aus diesen Stellen ließen sich problemlos klare Hierarchien ableiten: die Führungsposition für den Mann, die dienende Funktion für die Frau. Zudem schien der Platz der Frau in der Partnerschaft durch das erste Zitat deutlich geregelt: Sie sollte ihre Zeit dem Partner widmen. Die Bestimmung zur dienenden Tätigkeit war meist mit einem Verständnis von Opferbereitschaft verknüpft.[12] Doch gab es durchaus Versuche, diese Funktion positiv zu deuten, indem auf eine unspezifische „Herrschaft" verwiesen wurde. So etwa formulierte es die Herausgeberin der *Baltischen Frauenzeitschrift* (BFZ) und Leiterin eines Kindergärtnerinnenseminars in Dorpat: „Denn durch Dienen allein gelangt sie [die Frau] zur Herrschaft."[13] Solchen Zukunftsvisionen wurde allerdings eine raue Wirklichkeit gegenübergestellt: „Herrschen soll die Frau, indem sie dient [...]."[14] Damit sprach der spätere Pastor Theodor Neander[15] zugleich eine der wesentlichen Folgerungen aus dieser Geschlechterhierarchie an: die Gehorsamspflicht der Frau gegenüber dem Mann. Trotz der romantischen Vorstellung einer gleichberechtigten Partnerschaft hielt sich

---

[11] Das erste Zitat findet sich sinngemäß bei Emil Kählbrandt, In welchem Sinne gibt es bei uns eine Frauenfrage?, in: BM 41 (1899), S. 129-144, hier S. 129-130, im Beitrag von Mary von Haken, in: RHZ, 1.4.1887, und als Motto zu Stöckls Beitrag in: RHZ, 29.4.1887; das zweite Zitat zum Beispiel bei W. Gleim, Lose Blätter über die Ehe, in: RHZ, 2.9.1887. Der Bezug auf die Bibel allgemein findet sich zudem explizit bei C[arl] Heinrich Hoheisel, Über Mädchen-Erziehung, in: BM 1 (1859), S. 241-266.
[12] Vgl. die Einschätzung einer adligen Mutter an ihre Tochter, in: DSHI 110 Campenhausen, Nr. 729 (20.12.1891/1.1.1892).
[13] Elsbet Schütze, Zum Geleit!, in: BFZ (Okt. 1907), S. 637-639, hier S. 638.
[14] Neander, Zum Schutz (wie Anm. 8), S. 39.
[15] Vgl. zu ihm: Deutschbaltisches biographisches Lexikon 1710-1960. Im Auftrag der Baltischen Historischen Kommission begründet v. Olaf Welding und unter Mitarbeit v. Erik Amburger und Georg von Krusenstjern hrsg. v. Wilhelm Lenz, Köln; Wien 1970, 543.

also die Idee von einer natürlichen und religiös begründeten hierarchischen Geschlechterbeziehung, welche sich auf das Verständnis von der jeweiligen Rolle von Mann und Frau auswirkte.[16]

Die starke Betonung der Familie hatte im Baltikum deshalb besondere Bedeutung, weil sie als Refugium deutschbaltischer Kultur und Eigenart galt. Insofern wurde dem Erhalt der Familie und damit der Frau als Bewahrerin der Werte für die Gruppenidentifikation ein hoher Stellenwert zugeschrieben. Dies lag nicht zuletzt an der für Lutheraner symptomatischen „geistlich-religiösen Überhöhung" der Familie.[17] Sie war Hort und Ausdruck gelebten Glaubens. Hinzu kam ihre Bedeutung als funktionales Netzwerk bei Adel wie Bürgertum sowie als Bastion gegen den schwindenden Einfluss der Deutschbalten in den Ostseeprovinzen, der sich im Zuge der Russifizierungspolitik Alexanders III. ergab.[18] Dies konnte zu einem regelrechten „Familienkult" führen, der die Position der Familie im Deutschen Reich zum Teil noch übertraf.[19] Gerade der Verlust adäquater Bildungsmöglichkeiten stärkte die Bedeutung der heimischen Erziehung auch durch die Mütter. Diese Entwicklung war insofern zwiespältig, als sie einerseits die mütterliche pädagogische Arbeit aufwertete, andererseits aber einer stärkeren Bindung der Mutter ans Haus argumentativen Vorschub leistete. Die Entscheidung für eine externe Berufstätigkeit wurde Frauen damit eher erschwert.

Den Deutschbaltinnen ist oft eine besondere Affinität zur Religion nachgesagt worden, nicht zuletzt aufgrund der Tatsache, dass die Konfession ein wesentliches Identifikationsmerkmal dieser Bevölkerungsgruppe war. Heide Whelan hat in ihrer Untersuchung zur

---

[16] Vgl. etwa Mary von Haken, Sechs Briefe über Mädchenerziehung. Vierter Brief, in: RHZ, 22.7.1887.

[17] Vgl. hierzu Andreas Gestrich, Neuzeit, in: Geschichte der Familie, hrsg. von Dems./Jens-Uwe Krause/Michael Mitterauer, Stuttgart 2003, S. 364-652, hier S. 372.

[18] Wilhelm Lenz, Die Literaten, in: Sozialgeschichte der baltischen Deutschen, hrsg. v. Wilfried Schlau, Köln ²2000, S. 139-184, hier S. 178. Vgl. zur bürgerlichen Familie: André Burguière (u.a.), Geschichte der Familie, Bd. 3, Frankfurt a.M.; New York 1997; Gunilla-Friederike Budde, Auf dem Weg ins Bürgerleben. Kindheit und Erziehung in deutschen und englischen Bürgerfamilien 1840-1914, Göttingen 1994.

[19] Whelan (wie Anm. 9), Education, S. 165.

Mädchenerziehung bei den Deutschbalten gezeigt, dass die normativen Vorgaben eine solche Sicht tatsächlich unterstützten. Demnach sollte Religion in erster Linie über Bibel und Katechismus vermittelt werden, um der Frau als Wertmaßstab und Trost in schweren Zeiten zu dienen. Sie beschreibt in gewisser Hinsicht die unvollkommene religiöse Ausbildung in einer Art Substitutions- oder Kompensationsfunktion.[20] Ihre Deutung wird gestützt durch die hier untersuchten Diskussionen. Jenseits der normativen Ebene widerlegt Anja Wilhelmi in ihrer Studie klar das Klischee von der besonderen Verbundenheit der Deutschbaltinnen mit der Religion aus deren Autobiographien.[21] Daher sind (Selbst-)Stilisierungen wie die einer Pastorentochter und -ehefrau selten, von der es hieß, sie habe die Bibel an die vierzig Mal durchgelesen. Betont wurde in ihrer Biographie allerdings auch, dass sie dennoch mitten im Leben gestanden habe.[22]

Dies änderte allerdings nichts daran, dass der deutschbaltische Diskurs um die Erwerbsarbeit von Frauen Natur und Religion als Argumentationsbasis beibehielt und die Idee von der naturgegebenen Dichotomie der Geschlechter nicht in Frage stellte. In Beiträgen wie „Psychologische Betrachtungen zur Frauenfrage" wurden die geschlechtsspezifischen Wirkungsbereiche argumentativ zementiert, indem zwischen privatem Tätigkeitsfeld der Frau und außerhäuslicher Erwerbsarbeit des Mannes klar getrennt wurde. Schon wegen ihrer physischen und kognitiven Konstitution, so die Erklärung, sei die Frau für den vielschichtigen Arbeitsalltag außer Haus nicht geschaffen, das zeige sich in ihrer mangelnden Fähigkeit zu komplexem Denken.[23] Schwierig mit den zugewiesenen Tätigkeitsfeldern zu vereinbaren waren dagegen Überlegungen, der Mann sei am besten

---

[20] Ebd., S. 168.
[21] Anja Wilhelmi, Lebenswelten von Frauen der deutschen Oberschicht im Baltikum (1800-1939). Eine Untersuchung anhand von Autobiographien, Wiesbaden 2008, S. 46, 326; vgl. auch ihren Beitrag hier im Band.
[22] Marie von Hoerschelmann. Ein baltisches Frauenleben (1837-1899). Nach Tagebüchern und Briefen verfaßt v. Constantin von Hoerschelmann, bearb. und hrsg. v. Claus von Hoerschelmann, Hannover-Döhren 1966, S. 117.
[23] Psychologische Betrachtungen zur Frauenfrage, in: BM 37 (1890) S. 604-611, hier S. 606, 607.

für das aktive Leben gerüstet, die Frau eher für passives.[24] Schließlich erforderte auch die Verantwortung für die Hauswirtschaft und die Kindererziehung aktiven Einsatz. In diesem Zusammenhang konnten über die teilweise zum Ausdruck kommende Geringschätzung weiblicher Arbeitsbereiche auch Höflichkeitsfloskeln wie die von der Frau als dem „Meisterstück des Schöpfers"[25] nicht hinwegtäuschen. Stand dem Mann die Erfüllung im Berufsleben an, so galt das für die Frau als Ehepartnerin und Mutter. Auch wenn eine Frau als Mensch grundsätzlich geachtet wurde, so war sie doch in der Wahrnehmung ihrer weiblichen Eigenschaften völlig von diesen Rollen abhängig. Die weibliche Persönlichkeit, so lauteten zentrale Thesen, entfalte sich und werde erst anerkannt mit der Erfüllung der ihr zugedachten sozialen Funktionen in der Familie.[26] Darauf beruhte letztlich auch die Akzeptanz der (Aus-)Bildung und Erwerbstätigkeit von Frauen.

Religion, Familie und weiblicher Wirkungskreis

Der Diskurs im Baltikum um Geschlechterrollen und Erwerbstätigkeit war durchaus nicht nur selbstreferentiell. Wie das Beispiel der Geschlechtercharaktere gezeigt hat, nahmen die Debatten auch Impulse aus Westeuropa und Übersee ebenso wie aus Russland auf, auch wenn Frauen aus dem Baltikum den aktiven Frauenbewegungen in Deutschland oder im Zarenreich eher distanziert gegenüberstanden.[27]

Der wohl am prominentesten geführte Diskurs fand seinen Niederschlag in Form eines Wettbewerbs der *Rigaschen Hausfrauen-Zeitung* (RHZ) von 1887 zum Thema „Ist es dem häuslichen Glücke zuträglich, wenn die Gattin und Mutter die Mittel zur Deckung der Lebensbedürfnisse miterwerben hilft?" Er erfasste Beiträgerinnen aus den Ostseeprovinzen, anderen Teilen des Russländischen

---

[24] L.P., Briefe an eine Livländerin, in: BM 25,1 (1877) S. 18-37, hier S. 23.
[25] Psychologische Betrachtungen (wie Anm. 23), S. 606.
[26] Ao. Bs., Weltansprüche und Mädchenerziehung, in: BM 2 (1860), S. 229-241, hier S. 240.
[27] Informationen zum Stand der Frauenrechte weltweit finden sich etwa in der Rubrik „Rundschau" in der BFZ; vgl. außerdem Whelan (wie Anm. 9), S. 169.

Reiches sowie aus dem Ausland.[28] Als Jury fungierten vier männliche Honoratioren, Professoren und Schriftsteller, die im Baltikum und in St. Petersburg tätig und von denen mindestens zwei verheiratet waren. Sie kürten drei Siegerinnen, deren Einsendungen in der Zeitschrift abgedruckt wurde.[29] Als Bemühen um einen gewissen Ausgleich im Meinungsbild kann ihre Auswahl durchaus gelten. Zwei der Beiträge behandelten die gestellte Frage positiv, einer negativ. Die unterschiedliche Quantität wurde durch die Platzierung gewissermaßen ausgeglichen, denn die Einsendung mit der ablehnenden Haltung erhielt den ersten Preis. Symptomatisch ist, dass die Autorin des Siegerbeitrags, Mary von Haken, ledig war, die Verfasserinnen der zweit- und drittplatzierten Texte, welche die gestellte Frage bejahten, verheiratet. Dabei rekurrierte allerdings keine der Teilnehmerinnen etwa auf die eigenen Lebensumstände, sondern abstrahierte oder verwies auf die Situation von Angehörigen oder Bekannten.

Die Siegerin bezog sich – und dies war bezeichnend – auf die bereits erwähnte Bibelstelle, in der die Ehefrau als Gehilfin ihres Mannes fungierte. In ihrer Interpretation kam dies einer totalen Absorbierung weiblicher Aufmerksamkeit durch die Fürsorge für ihre Familie gleich. Sie schloss daraus, „daß ihre ganze Zeit, ihr ganzes Denken, ihr ganzes Interesse dem Gatten gewidmet sein muß".[30] Mit dieser strikten Auslegung sah sie zwangsläufig weibliche Berufstätigkeit und Familienleben in einem Konkurrenzverhältnis stehen. Da sie von den beiden Varianten die familiäre Funktion als zentral betrachtete, sprach sie sich gegen eine Erwerbstätigkeit verheirateter Frauen und Mütter aus.

Anders argumentierten Frau von Hagmann und Helene Stöckl in ihren Beiträgen. Auch sie verwiesen zur Untermauerung ihrer Darlegungen auf die Rolle, welche die Religion bei der Definition des Geschlechterverhältnisses spielte. Indes hielten sie es weniger

---

[28] RHZ, 1.4.1887.
[29] Mary von Haken, in: RHZ, 1.4. und 7.4.1887 (erster Platz); Helene Stöckl, in: RHZ, 29.4. und 6.5.1887 (zweiter Platz); Frau von Hagmann, in: RHZ, 10. und 17.6.1887 (dritter Platz).
[30] Stökl, ebd., 1.4.1887.

mit direkten Verweisen auf die Bibel als vielmehr mit dem Geist der protestantischen Ethik, wie sie später Max Weber deuten sollte.[31] Demnach stellte eine außerhäusliche Beschäftigung keineswegs eine Rivalität zu familiären Pflichten dar, sondern ergänzte den Tätigkeitsbereich der Frau, erweiterte ihren Horizont und versprach eher Synergieeffekte, als dass er Aufmerksamkeitsressourcen vom häuslichen Bereich abzog. In diesem Sinne appellierte von Frau von Hagmann: „Schaffet und erwerbet Ihr Frauen! [...] Arbeitet Ihr Gattinnen und Mütter, arbeitet auch für den Erwerb!"[32] Diese Botschaft war in ihrer Deutlichkeit kaum zu überbieten.

Die RHZ (seit 1884) war aber nicht das einzige Forum des Meinungsaustausches zu diesem Thema. Der trotz der Zensur recht lebendige Markt an Periodika brachte im Baltikum noch zwei weitere, für dieses Thema zentrale Zeitschriften hervor: die traditionsreiche *Baltische Monatsschrift*, die seit 1859 erschien, und die *Baltische Frauenzeitschrift* (seit 1906). Anders als beim Wettbewerb der RHZ waren die Rollen der Diskursteilnehmerinnen und –teilnehmer hier nicht so klar verteilt (auf der einen Seite die Einsender*innen*, auf der anderen die – männlichen – Preisrichter). In den Beiträgen meldeten sich über die Jahrzehnte, in denen dieser Diskurs geführt wurde, Männer wie Frauen unterschiedlichen Alters und Familienstands zu Wort und legten ihre Positionen dar, die im übrigen Geschlechtergrenzen überschritten.

Gegnerinnen und Gegner weiblicher Berufstätigkeit verknüpften ihre Argumentation mit den Geschlechtercharakteren, indem sie einer Betätigung von Frauen in männlich konnotierten Arbeits-

---

[31] Max Weber, Die protestantische Ethik und der „Geist" des Kapitalismus, in: Ders., Schriften 1894–1922. Ausgewählt und hrsg. v. Dirk Kaesler, Stuttgart 2002, S. 150-226. Vgl. auch Ursula Baumann, Protestantismus und Frauenemanzipation in Deutschland 1850 bis 1920, Frankfurt a.M. 1992; Richard van Dülmen, Protestantismus und Kapitalismus. Max Webers These im Licht der neueren Sozialgeschichte, in: Max Weber. Ein Symposion, hrsg. v. Christian Gneuss/Jürgen Kocka, München 1986, S. 88-101; Lucian Hölscher, Bürgerliche Religiosität im protestantischen Deutschland des 19. Jahrhunderts, in: Religion und Gesellschaft im 19. Jahrhundert, hrsg. v. Wolfgang Schieder, Stuttgart 1993, S. 191-215, für weibliche Religiosität und Rollenmuster bes. S. 205-206.
[32] Hagmann, in: RHZ, 17.6.1887.

bereichen die Folge einer Wesensänderung zuschrieben. Demnach „vermännlichte" eine Frau, die außerhäusliche Arbeit verrichtete; manche sprachen in diesem Kontext gar von einer „Entartung"[33] in dem Sinne, dass ihre grundlegenden geschlechtsspezifischen Eigenschaften wie emotionale Hingabe, Liebe und ihre Mediatorenfunktion verloren gingen. War diese Frau verheiratet oder gar Mutter, so hinterließ ihre Wesensänderung eine soziale Leerstelle im Familiengefüge. Damit wiederum schien das häusliche und in erweiterter Dimension auch das gesamtgesellschaftliche Gleichgewicht bedroht. Für eine Gruppenidentität wie die der Deutschbalten, die sich in besonders starkem Maße aus der Bedeutung der Familie speiste, musste eine solche Argumentationskette geradezu als existentielle Herausforderung ihres Selbstverständnisses scheinen. Auch Standesfragen kamen zur Sprache, wenn ein Diskursteilnehmer feststellte: „Der unterschiedslose Beruf der Geschlechter ist ein trauriges Schicksal armer und verkommener Leute."[34] Dies konnte weder für den baltischen Adel noch für die Mittelschicht akzeptabel sein.

Auf der anderen Seite des Meinungsspektrums finden sich Beiträge, die der Erwerbstätigkeit zumindest für ledige Frauen eine außerordentliche Bedeutung zusprachen. Das galt nicht nur in finanzieller Hinsicht, sondern mehr noch in moralischer und eben religiöser. Mit dem Motto „Arbeit adelt" brachte die in Moskau lebende Frau von Schlieven den hohen Stellenwert nützlicher Betätigung für die Gemeinschaft zum Ausdruck[35] – auch dies ein Beitrag im Sinne der protestantischen Ethik. Noch deutlicher in diesem Sinne argumentierte der Pastor Emil Kählbrandt, wenn er von der Berufsarbeit als Gottesdienst sprach und sie damit als religiöse Pflicht auffasste.[36] Dem Argument der „Vermännlichung" durch Berufs-

---

[33] W., Zur Frauenfrage im Allgemeinen und bei uns, in: BM 35 (1893), S. 649-661, hier S. 653-636; Neander, Zum Schutz (wie Anm. 8), S. 53-54, („Entartung").
[34] Neander, Zum Schutz (wie Anm. 8), S. 31.
[35] Fr. v. Schlieven, Über neue Berufsarten für die Töchter gebildeter Stände, in: RHZ, 16.9.1887.
[36] Kählbrandt, Frauenfrage (wie Anm. 11), S. 132. Zu ihm vgl. sein Lebensbild eines livländischen Pastors. Riga 1910. Vgl. außerdem Weber, Protestantische Ethik (wie

tätigkeit wurde entgegengehalten, dass eine solche Betätigung im Gegenteil auch positiv auf die Balance der Geschlechtercharaktere wirken könne. So stelle sie eine gute Alternative zum extremen Müßiggang von Frauen dar, die ihre Freizeit ansonsten mit nutzlosen, ja sogar schädlichen Aktivitäten füllten und damit wertvolle Ressourcen verschwendeten. Beispielhaft wurden häufige Ausfahrten, übermäßige Besuchsreisen und exzessiver Konsum angeführt, die als „überweiblich" im Sinne übertriebener Weiblichkeit charakterisiert und abgelehnt wurden. Auch damit stützte man sich auf den Klassiker Riehl.[37] Dieses andere Extrem barg ebenfalls die Gefahr, den häuslichen Frieden und die Aufgabenteilung im privaten Bereich zu stören, indem finanzielle und zeitliche Ressourcen vergeudet wurden. Solche Szenarien widersprachen eklatant dem protestantischen Ideal einer gemäßigten Lebensweise, die bis hin zu Formen innerweltlicher Askese reichte.[38]

Für viele Deutschbaltinnen war freilich eine Familiengründung zu dieser Zeit schon keine selbstverständliche Perspektive mehr. Der Frauenüberschuss in dieser sozialen Gruppe erhöhte die Wahrscheinlichkeit, ledig zu bleiben und damit die Notwendigkeit einer Absicherung, die auf einer Berufstätigkeit beruhte. Nicht jede Ledige konnte als „Tante" im Haushalt von Verwandten unterkommen, wo sie familiäre Aufgaben übernahm und so ein Auskommen und – in gewissem Rahmen – gesellschaftliche Anerkennung fand.[39] Diese Erkenntnis, dass auch Frauen der gehobenen Schichten sich dem Erwerbsleben stellen mussten, drang immer stärker in den Diskurs ein.

Die Perspektive einer außerhäuslichen Arbeit setzte aber eine angemessene Vorbereitung darauf voraus und somit eine ent-

---

Anm. 31), S. 205; Friedrich Wilhelm Graf, Der Protestantismus. Geschichte und Gegenwart, München 2006, S. 80.

[37] Kählbrandt, Frauenfrage (wie Anm. 11), S. 136; Riehl, Familie (wie Anm. 8), S. 73.

[38] Weber, Protestantische Ethik (wie Anm. 31), S. 197-201; vgl. zum asketischen Realismus auch Brandt, Religiöses Handeln (wie Anm. 3), S. 319.

[39] Zum Problem des Frauenüberschusses im Baltikum: Mary von Haken: Sechs Briefe über Mädchenerziehung. Erster Brief, in: RHZ, 1.7.1887; Zur Frauenfrage, S. 652. Für die Rolle von „Tanten" vgl. Wilhelmi (wie Anm. 21), S. 292-293.

sprechende Ausbildung. Dies erkannten selbst Vertreterinnen eines traditionellen Frauenbildes an.[40] Galt ein gewisses Arbeitsethos schon für Frauen mit Familie, dann umso mehr für Ledige. Sie standen gleichsam unter einem stärkeren Legitimationsdruck, ihren Nutzen und Beitrag für die Gemeinschaft zu unter Beweis zu stellen. Hier bot sich ehrenamtliche Arbeit an, wenn für ein Auskommen anderweitig gesorgt war, ansonsten kam nur eine Berufstätigkeit in Frage.

In Bezug auf verheiratete Frauen änderte sich der Diskurs um die Jahrhundertwende. Die Beiträge zur Berufsberatung für Mädchen und Frauen boten nicht nur praktische Handreichungen, sondern plädierten immer deutlicher für eine Vereinbarkeit von Beruf und Familie. Dies galt nicht nur für Stimmen aus Deutschland, wenn die bekannte Frauenrechtlerin Anna Pappritz dazu aufrief, die Frauen sollten „sich in den Dienst der Allgemeinheit zu stellen", da *sie* – und nicht die erwerbstätige Mutter – ansonsten gesellschaftlich geächtet würden.[41] Solche Tendenzen gab es auch bei den Deutschbaltinnen selbst, wie ein Plädoyer für eine gleiche Verteilung der häuslichen und der Berufsarbeit auf beide Geschlechter zeigt.[42]

Ergebnisse

In einem der zentralen Diskurse der Moderne, den Geschlechterverhältnissen, nahmen Argumente aus dem religiösen Bereich einen prominenten Platz ein. Als kulturelles System war Religion sowohl fester Bestandteil der Gruppenidentität der Deutschbalten als auch gemeinsame Basis für eine Verständigung über Geschlechtercharaktere, -hierarchien und -aufgaben. In den bis zum Ausgang des 19. Jahrhunderts meist wertkonservativ geführten Debatten über die Vereinbarkeit weiblicher Aufgabenfelder in Familie und außerhäuslicher Erwerbsarbeit wurden die aus Natur und Religion ins Feld

---

[40] Vgl. Clara Linzen-Ernst, Die Berufswahl, S. 641.
[41] Anna Pappritz, Praktische Frauenberufe, in: BFZ (Jan. 1909), S. 157-159, hier S. 159.
[42] Clara Linzen-Ernst, Die Frau als Ärztin, in: BFZ (Aug. 1908), S. 1173-1178, hier S. 1178.

geführten Prämissen zum Geschlechterverhältnis nicht grundsätzlich in Frage gestellt. Zunehmend verdrängten allerdings Hinweise auf das protestantische Arbeitsethos und die Verantwortung auch der verheirateten Frau und Mutter nicht nur für die eigene Familie, sondern für die Gemeinschaft insgesamt die Bezüge zur Bibel als Grundlage des Verständnisses weiblicher Pflichten. Hinzu kam mit der sich wandelnden demographischen Situation, dass sich mehr Frauen auf ein Leben als Alleinstehende einstellen und selbst für ihren Lebensunterhalt sorgen mussten. Dies löste gesellschaftliches Engagement vom Ehrenamt und verband den Einsatz für die Gemeinschaft mit bezahlter Arbeit.

Religiöse Deutungsmuster wurden nicht einseitig zur Begründung traditionaler Geschlechterverhältnisse herangezogen, sondern konnten ebenso zur Untermauerung moderner Zeitströmungen genutzt werden. Insofern trat die protestantische Ethik als Argument in ein gewisses Konkurrenzverhältnis zu konkreten Bibelstellen. Gerade in diesem Bereich greifen die Grundlagen von Talcott Parsons, der selbst auf Ideen von Webers protestantischer Ethik aufbaut.[43] Religion als Argument konnte nicht nur zur Stärkung wertkonservativer Positionen genutzt werden, sondern, in Abstraktion, auch als zukunftsweisendes Deutungsmuster für Phänomene der Moderne wie das sich wandelnde Geschlechterverhältnis, Familienstrukturen und die geschlechtsspezifische Arbeitsteilung.

---

[43] Brandt, Religiöses Handeln (wie Anm. 3), S. 124, 165, 317-331.

Sebastian Rimestad

DIE RUSSISCHE ORTHODOXE KIRCHE IN DEN OSTSEEPROVINZEN
UND DEN NORDWESTPROVINZEN IM VERGLEICH (1830-1917)

Vom Großfürstentum Finnland im Norden zur Krimhalbinsel im Süden waren die westlichen Grenzgebiete des russischen Imperiums im neunzehnten Jahrhundert von einer sprachlichen und konfessionellen Vielfalt geprägt. Die administrativen Strukturen in jedem Gebiet sowie die jeweilige historischen Eliten waren zudem sehr unterschiedlich. In diesem Beitrag werde ich mich auf die Strategien und Aktivitäten der Russischen Orthodoxen Kirche in den Ostseeprovinzen (heutiges Estland und Lettland) und in den Nordwestprovinzen (heutiges Litauen und Weißrussland) konzentrieren. Die Rolle religiöser Akteure im Russischen Imperium des neunzehnten Jahrhunderts ist ein Untersuchungsgegenstand zu dem in den letzten 15 Jahren eine Fülle an Publikationen erschienen ist.[1] Ich werde in diesem Aufsatz versuchen, die überaus komplexe Situation in den Ostseeprovinzen mit der noch komplexeren Situation in den Nordwestprovinzen zu vergleichen. Ich werde dies in drei Teilen tun. Zuerst werden die drei Komponenten in meinem Titel vorgestellt, die Russische Orthodoxe Kirche, die Ostseeprovinzen und die Nordwestprovinzen. Danach folgt eine Analyse der Rolle der Orthodoxen Kirche in den beiden Gebieten. Der vierte Teil versucht dann einen Vergleich durchzuführen.

Die Prämissen

Die Russische Orthodoxe Kirche befand sich im neunzehnten Jahrhundert in einer schwierigen Lage. Seit den Petrinischen Reformen des frühen achtzehnten Jahrhunderts musste sie ohne ihr kanonisches Oberhaupt, den Patriarchen von Moskau, auskommen. Peter der Große hatte das Patriarchat abgeschafft, um die Kirche enger an den Zaren zu binden. An seiner Stelle hatte er das Kollektivorgan des

---

[1] Vgl. Paul Werth, Toward ‚Freedom of Conscience', in: Kritika 7 (2006), Nr. 4, S. 843-863.

Heiligsten Synods eingeführt, welches von einem *Oberprokuror*, einem nichtklerikalen Bürokraten, geleitet wurde.[2] Diese Situation führte dazu, dass der Staat und die Kirche beizeiten nicht zu unterscheiden waren und dass die Kirche, statt als selbständige Organisation eher als Teil der langsamen und konservativen Bürokratie aufgefasst werden konnte. Ihre streng hierarchische Struktur führte außerdem dazu, dass die Kommunikation zwischen den Landgeistlichen und dem *Heiligsten Synod* durch viele Zwischenstufen erschwert wurde. Seit Zar Nikolai I, der den Einmarsch Napoleons 1812 und den Dekabristenaufstand 1825 miterlebt hatte, wurde der Kirche zudem eine wichtige Rolle in der Konsolidierung der Randgebiete des Russischen Imperiums zugesprochen. Die Losung des Bildungsministers Sergei Uvarov – Orthodoxie, Autokratie, Volkstum (*pravoslavie, samoderžavie, narodnost'*) –, welche seit 1833 auch Zar Nikolai als Motto angenommen hatte, trug maßgeblich zu diesem neuen Status bei. In dieser Triade der ‚russischsten' aller Eigenschaften stand die Zugehörigkeit zur orthodoxen Kirche an erster Stelle. Die Kirche war jedoch auf eine solche hervorragende Rolle nicht vorbereitet und eine Reform nach der anderen wurde ausgearbeitet. Jedoch erschwerte die hierarchische und synodale kirchliche Struktur das Reformbemühen sehr, weil die Bischöfe in der Hierarchie und die weltlichen Behörden im Synod selten zusammenfallende Interessen hatten.[3] Zudem wandelte sich die Rolle des *Oberprokurors* im Laufe des neunzehnten Jahrhunderts. Statt die kirchlichen Meinungen mit der säkularen Administration in Einklang zu bringen, wurde er zunehmend zum Vollstrecker des Staatswillens innerhalb der kirchlichen Strukturen, was die Selbständigkeit der Russischen Orthodoxen Kirche zusätzlich schwächte.[4]

In den baltischen Ostseeprovinzen, ein Gebiet, welches ungefähr den heutigen Staaten Estland und Lettland entspricht, war die lutherische Kirche der deutschbaltischen Adligen die vorherrschende Kir-

---

[2] Siehe hierzu Aleksandr Ju. Polunov, Pod vlast'ju oberprokurora [Unter der Herrschaft des Oberprokurors], Moskva, 1996, S. 11-26.
[3] Siehe hierzu Gregory Freeze, The Parish Clergy in Nineteenth-Century Russia – Crisis, Reform, Counter-Reform, Princeton, NJ, 1983, S. 12-22.
[4] Polunov, Pod vlast'ju, (wie Anm. 2) S. 15.

che. Seit der Einverleibung der Ostseeprovinzen in das Russische Reich nach dem Frieden von Nystad 1721 (1795 im Falle der Provinz Kurland) bis zum Zerfall des Imperiums war die Oberschicht der Provinzen fast ausschließlich von deutschbaltischer Abstammung. Der deutschbaltische Adel hatte seit dem hohen Mittelalter im nördlichen Baltikum alle administrativen Funktionen inne gehabt und die einheimischen Esten und Letten konnten nur vom Kleinbauernstand aufsteigen, indem sie sich völlig germanisierten und ganz zu Deutschen wurden. Die deutschbaltische Oberschicht genoss breite Privilegien, die ihr im Frieden von Nystad von Peter I. zugesichert worden waren. Dies umfasste die administrative und juridische Selbstverwaltung sowie das alleinige Recht zur Missionierung unter den einheimischen Esten und Letten. Im Laufe des neunzehnten Jahrhunderts wurden diese Privilegien von den russischen Behörden nach und nach abgeschafft, aber die Vormachtstellung der Deutschen in den Ostseeprovinzen sowie ihre Loyalität dem Zaren gegenüber blieben weitgehend bestehen.[5]

Die Nordwestprovinzen bestanden aus den sechs Gouvernements Kovno, Wilna, Grodno, Minsk, Mogilev und Vitebsk. Sie entsprechen weitgehend dem Gebiet der heutigen Staaten Litauen und Weißrussland. Die nationalen Historiographien der Litauer, Weißrussen und Polen versuchen heute die Geschichte der Nordwestprovinzen als ihre jeweilige Nationalgeschichte darzustellen. Im Unterschied zu den Ostseeprovinzen jedoch ist es nicht einfach, in den Nordwestprovinzen ethnische Trennlinien festzulegen. Auch konfessionell gesehen waren die Nordwestprovinzen nie einheitlich. Neben den katholischen Polen aus der ländlichen Oberschicht und den katholischen Litauern, größtenteils Bauern, wohnten im gesamten Gebiet katholische Weißrussen und im Gouvernement Vitebsk auch katholische Letten (insgesamt ca. 20% Katholiken). 60% der Bevölkerung gehörten der katholischen Kirche des byzantinischen Ritus an, der so genannten Unierten Kirche. Lediglich 5% waren am Anfang des neunzehnten Jahrhunderts Mitglieder der Orthodoxen

---

[5] Siehe hierzu z.B. Michael Haltzel, Der Abbau der deutschen ständischen Selbstverwaltung in den Ostseeprovinzen Rußlands. Ein Beitrag zur Geschichte der russischen Unifizierungspolitik 1855-1905, Marburg/Lahn 1977.

Kirche. Die Juden, die ungefähr 15% der Bevölkerung ausmachten, in den Städten teilweise sogar 75%, lasse ich hier außer Acht.[6] Nationale und ethnische Unterschiede spielten bis zur zweiten Hälfte des neunzehnten Jahrhunderts im Russischen Reich eine untergeordnete Rolle. Stattdessen war es die konfessionelle und ständische Zugehörigkeit, die den Staat interessierte.[7] Der Begriff ‚Litauen' wurde zum Beispiel von den russischen Behörden misstrauisch beäugt, nicht wegen der möglichen litauischen Nation, sondern weil das historische Großfürstentum Litauen von den Russen abgeschafft worden war. Wenn es nach den Behörden gegangen wäre, hätte der Begriff ganz aus dem offiziellen Gebrauch verschwinden sollen. Dies war jedoch nicht durchzuführen, u.a. weil die orthodoxe Kirche ein Bistum *Litauen* besaß und nicht bereit war, dies umzubenennen.[8] Auch die beginnenden nationalen Bewegungen der Esten, Letten und Litauer ab den 1850er Jahren trugen weiter zur Komplexität des Verhältnisses zur russischen Staatsmacht und Staatskirche bei.

Die Rolle der Orthodoxen Kirche in den Ostseeprovinzen

In den Ostseeprovinzen existierten bis 1836 nur minimale Strukturen der Orthodoxen Kirche. Seit Anfang der 1830er Jahre gab es in der Russischen Orthodoxen Kirche Bemühungen, die Altgläubigen zurück zur Mutterkirche zu führen. Wegen der besonderen administrativen Strukturen in den Ostseeprovinzen, konnte der zuständige orthodoxe Bischof Nathanael von Pskov dort nicht agieren und ließ das

---

[6] Sachar Schybeka, Die Nordwestprovinzen im Russischen Reich (1795-1917), in: Handbuch der Geschichte Weißrußlands, hrsg. v. Dietrich Beyrau / Rainer Lindner, Göttingen, 2001, S. 119-134, hier S. 119; Theodore R. Weeks, Nation and State in Late Imperial Russia – Nationalism and Russification on the Western Frontier, 1863-1914, DeKalb, Il., 1996, S. 84-90.
[7] Vgl. Charles Steinwedel, Making Social Groups, One Person at a Time: The Identification of Individuals by Estate, Religious Confession, and Ethnicity in Late Imperial Russia, in: Documenting Individual Identity: The Development of State Practices in the Modern World, hrsg. v. Jane Caplan / John Torpey, Princeton, NJ, 2001, S. 67-82.
[8] Darius Staliūnas, Making Russians – Meaning and Practice of Russification in Lithuania and Belarus after 1863, Amsterdam; New York 2007, S. 28-29.

Amt eines Vikarbischofs von Riga einrichten. Die Instruktionen des ersten Vikarbischofs von Riga, Irinarch (Popov), waren ganz klar: er hatte jeglichen Kontakt mit den lokalen Esten und Letten zu vermeiden. Seine Aktivitäten sollten nur Bezug zu den Altgläubigen haben. Was aber sowohl die deutschbaltische Oberschicht, wie auch die Orthodoxe Kirche nicht voraussehen konnte, war der Synergieeffekt, den ein eindeutig nichtdeutscher Beamter im Land der Deutschbalten haben konnte. Als die Ernte 1840/41 schlecht ausfiel und auch die Jahre von 1844 bis 1846 Missernten brachten, begann unter den Esten und Letten eine unkoordinierte Konversionswelle zur orthodoxen Kirche. Anfangs wurde sie von den Deutschbalten streng unterdrückt, aber als der Generalgouverneur von Riga, der deutschbaltische Baron von Pahlen durch den Russen E. A. Golowin 1845 ersetzt wurde, kam die Bewegung richtig in Gang. Bis 1848 waren ca. 15% der Landbevölkerung des Gouvernements Livland zur Orthodoxen Kirche übergetreten, insgesamt über 100.000 Bauern, als die Bewegung unerwartet plötzlich aufhörte.[9]

Obwohl das Priesterseminar in Pskov schon Anfang der 1840er Jahre Kurse in Lettisch und Estnisch anbot und den orthodoxen Katechismus in beide Sprachen übersetzt hatte, kam die Konversionswelle völlig überraschend für die Orthodoxe Kirche. Dass sie plötzlich 100.000 neue Mitglieder in Livland haben sollte, wo bisher nur vereinzelte Orthodoxe in den Städten gewohnt hatten, überforderte sie. In den Dokumenten des Heiligen Synods in Petersburg gibt es keinen Hinweis auf zentral gesteuerte Aktionen im Hinblick auf die Ostseeprovinzen. Die Esten und Letten machten andererseits bloß 5,3% aller Konvertiten zur Orthodoxie von 1825 bis 1850 aus. Es waren die Geistlichen vor Ort, die aktiv teilgenommen und die Bewegung mit vorangetrieben haben.[10] Dies ist auch in den folgenden Jahren der Fall gewesen; erst nachdem Vikarbischof Platon (Gorodeckij) 1850 darum gebeten hatte, wurde Riga ein ordentliches Bis-

---

[9] Siehe Aleksandr V. Gavrilin, Očerki istorii Rižskoj eparhii. 19 vek [Skizzen zur Geschichte der Rigaer Eparchie. Das 19. Jahrhundert], Riga 1999, S. 180.
[10] Gregory Freeze, Lutheranism in Russia: Critical Reassessment in: Luther zwischen den Kulturen, hrsg. v. Hans Medick / Peer Schmidt, Göttingen, 2004, S. 297-317, hier S. 310.

tum und der Bischof war oft auf sich allein gestellt, wenn es um Verbesserungen der Lage der Orthodoxie in seinem Bistum ging. Nach der baltischen Rundreise des Flügeladjutanten Bobrinskij im Jahre 1864, deren Ergebnis lautete: „die Orthodoxie hat nirgends Wurzeln geschlagen, ist nirgends verwachsen, weder mit den Überzeugungen, noch mit den Sitten, noch mit der Lebensweise des Volkes,"[11] machte Bischof Platon eine eigene Rundreise um den Bericht Bobrinskijs zu relativieren.[12]

Auch die Mittelzuweisung aus der Staatskasse reichte nicht aus, um den besonderen Bedürfnissen der Orthodoxen Kirche in den Ostseeprovinzen gerecht zu werden. Neue Kirchen mussten erbaut und ausgestattet werden, der Unterhalt der Geistlichen gewährleistet und die Priesterausbildung musste gefördert werden. Erfolge in allen diesen Bereichen werden in der traditionellen orthodoxen Geschichtsschreibung als Verdienste des Bischofs Platon aufgezeichnet.[13] Der Kirchenbau verlief schleppend und auch der Unterhalt der Geistlichen war schwierig, da die Übergetretenen fast ausschließlich zu den ärmsten Gesellschaftsschichten gehörten. Hingegen tat sich in der Ausbildung Einiges. In Riga wurde ein Priesterseminar errichtet, welches als einziges in Russland auch Söhnen einheimischer Bauern eine priesterliche Ausbildung ermöglichte. Die orthodoxen Gemeindeschulen wurden besonders gefördert, um eine bessere Ausbildung als die der lutherischen Schulen zu gewährleisten, was zu einem gemäßigten Ausbildungswettbewerb führte. Die Förderung war jedoch bei weitem nicht ausreichend, um die intellektuellen Ressourcen der Deutschbalten zu übertrumpfen.[14]

---

[11] Zitiert aus Horst Garve, Konfession und Nationalität – Ein Beitrag zum Verhältnis von Kirche und Gesellschaft in Livland im 19. Jahrhundert, Marburg/Lahn, 1978, S. 151. – Siehe auch das russische Original in Gavrilin, Očerki (wie Anm. 9), S. 233.
[12] Für eine polemische Meinung dieser Rundreisen, siehe Adolf von Harleß, Geschichtsbilder aus der lutherischen Kirche Livlands vom Jahre 1845 an, Leipzig, 1887, S. 171-188.
[13] Siehe z.B. Aleksij II (Patriarch Moskovskij i vseja Rusi), Pravoslavie v Estonii [Die Orthodoxen in Estland], Moskva 1999, S. 227-250.
[14] Indrek Kiverik, Der politische Kampf um das Bildungswesen der Esten im 19. Jahrhundert in: Schulwesen im Baltikum, hrsg. v. Detlef Kühn, Lüneburg, 2005, S. 54; Gavrilin, Očerki (wie Anm. 9), S. 199.

Russisch-Orthodoxe Kirche

Mit schlecht ausgebildeten Priestern, die die Sprache ihrer Gemeinden zum großen Teil nicht kannten, ohne passende Kirchenbauten und im Kontrast zu der materiell und intellektuell weitaus überlegenen Lutherischen Kirche ist es nicht verwunderlich, dass einige der Konvertiten ihre Konversion bereuten und sie umkehren wollten. Die Konversion weg von der Orthodoxen Kirche war ihnen jedoch gesetzlich verwehrt. Die orthodoxen Kleriker scheuten sich nicht davor, lutherische Pastoren, die Amtshandlungen an ‚ihren' Gemeindemitglieder ausführten, anzuklagen und vor Gericht zu führen. Nach massiver Kritik aus dem In- und Ausland gingen die russischen Behörden einige Kompromisse ein. Z.B. wurden 1865 alle Pastorenprozesse unterbrochen und Kinder aus konfessionell gemischten Ehen durften ab 1874 der Lutherischen Kirche angehören.[15]

Mit Amtsantritt des neuen Zaren Alexander III. im Jahre 1881 veränderte sich die Lage der Orthodoxen Kirche in den Ostseeprovinzen drastisch. Die verheerende Russifizierung, die danach eintrat, bedeutete für sie neue Förderung. Wiederum war es aber weniger die Kirchenleitung, die agierte, sondern eher die weltlichen Behörden. Gleichzeitig traf die Ostseeprovinzen eine zweite Konversionswelle, welche von vom Gouvernement Estland im Jahre 1883 ausging und sich bis nach Kurland verbreitete. Zahlenmäßig etwas weniger stark, gab es bis 1887 insgesamt über 15.000 Konvertiten, die meisten im Westen des Gouvernements Estland, wo sie wiederum 15% der Landbevölkerung ausmachten.[16] Obwohl die neuen Gouverneure in Estland und Livland, Šahovskoj und Zinovev, die Konversionswelle zu Russifizierungszwecken ausnutzen wollten, gelang ihnen dies nicht. Sie erstarb von alleine.

Alle weiteren Versuche, die Orthodoxe Kirche für Russifizierungsmaßnahmen in den Ostseeprovinzen zu nutzen schlugen fehl und alle weiteren Übertritte bis 1905 geschahen im Zuge von Mischehen oder in Einzelfällen. Jedoch erhöhte die Russifizierung der Ausbildung, die Universität Dorpat mit eingeschlossen, die Attraktivität der orthodoxen Grundschulen, besonders in den Städten, die

---

[15] Garve, Konfession und Nationalität (wie Anm. 11), S. 170, 192; Polunov, Pod vlast'ju (wie Anm. 2) S. 20.
[16] Gavrilin, Očerki (wie Anm. 9), S. 288.

regen Zuspruch auch von Lutheranern verzeichneten.[17] Auch die staatliche Förderung der Kirche wurde in den 1880er Jahren stark erhöht. Große, repräsentative Kirchenbauten wurden in allen wichtigen Städten errichtet und auch der Zuschuss für die Geistlichkeit aus der Staatskasse wurde an die Gehälter der lutherischen Pastoren angeglichen. Während ein orthodoxer Priester in den Nordwestprovinzen zwischen 400 und 500 Rubeln erhielt, konnte er im Baltikum mit bis zu 1300 Rubel rechnen.[18] Diese Förderung kam aber zu spät, es war der Kirche nicht mehr möglich, eine dominante Position aufzubauen. Als 1905 das Toleranzedikt Nikolais II. den Austritt aus der Orthodoxen Kirche erlaubte, traten in den folgenden drei Jahren mindestens 15.000 orthodoxe Esten und Letten zur Lutherischen Kirche über, was ungefähr 15% der Orthodoxen Christen im Baltikum ausmachte.[19] Für die Lutherische Kirche war dies eine enttäuschend niedrige Zahl, für die Orthodoxe Kirche, die in den Nordwestprovinzen viel größere Verluste verzeichnete, war es nicht weiter schlimm.[20]

Die Rolle der Orthodoxen Kirche in den Nordwestprovinzen

In den Nordwestprovinzen wurde nach dem polnischen Novemberaufstand von 1831 der Druck auf die Katholische und besonders die Unierte Kirche erhöht. Im Jahre 1839 kam es zu einer ‚Wiedervereinigung' der Unierten Kirche mit der Russisch-Orthodoxen Kirche.[21] Diese von einigen Vertretern der Unierten Kirche geförderte Eingliederung bescherte der Russisch-Orthodoxen Kirche mehr als 1,5 Mil-

---

[17] Ebd., S. 308.
[18] Sergej V. Rimskij, Konfessional'naja politika Rossii v Zapadnom krae i Pribaltike XIX stoletija [Die Konfessionspolitik Russlands im Westlichen Gebiet und im Baltikum im 19. Jahrhundert]], in Voprosy Istorii (1998), Nr. 3, S. 25-45, hier S. 38.
[19] Gavrilin, Očerki (wie Anm. 9), S. 328.
[20] Freeze, Lutheranism (wie Anm. 10), S. 314-316.
[21] Schybeka, Nordwestprovinzen (wie Anm. 6), S. 123; Mikhail Dolbilov/Darius Staliūnas, ‚Obratnaja Unija': Proekt prisoedinenija katolikov k pravoslavnoj cerkvi v rossijskoj imperii (1865-1866 gody) [Eine „Umgekehrte Union". Das Projekt einer Angliederung der Katholiken an die Orthodoxe Kirche im Russländischen Reich (1865-1866)], in: Slavjanovedenie (2005), Nr. 5, S. 3-34, hier S. 5-6.

Russisch-Orthodoxe Kirche

lionen neue Mitglieder auf einen Schlag. Die Konsolidierung dieser neuen Mitglieder gestaltete sich relativ einfach, da sie sich traditionell mit der Orthodoxie assoziierten und sich von den polnisch-katholischen Gutsherren gerne distanzierten. Auch die formelle Erfassung der früheren unierten Gebiete in die Strukturen der Russisch-Orthodoxen Kirche verlief relativ schnell, obschon die früheren unierten Kleriker lange vom russischen Staat mit Misstrauen überwacht wurden.[22] Schon zwei Jahrzehnte nach der Wiedervereinigung war es schwierig, zwischen den früheren Unierten und der restlichen Kirche zu differenzieren. Es wurden trotzdem immer wieder Gesuche eingereicht, in denen darum gebeten wurde, von der Orthodoxen zur Katholischen Kirche übertreten zu dürfen. Für die Bischöfe der Orthodoxen Kirche war dies ein deutliches Zeichen dafür, dass die polnisch-katholischen Gutsbesitzer die Bauern gegen den russischen Staat aufhetzen wollten.

Die zweite wichtige Jahreszahl in den Nordwestprovinzen ist der polnische Januaraufstand von 1863/64. Dieser Aufstand veränderte in den Beziehungen zwischen den russischen Behörden und den polnischen Gutsbesitzern sowie der Katholischen Kirche im Westen des Landes alles. Es ist aber wichtig im Auge zu behalten, dass die antipolnischen Maßnahmen, die eingeführt wurden, zwar die Orthodoxe Kirche in der Region stärken sollten, jedoch nicht von dieser ausgingen. Während politische Machthaber, wie Generalgouverneur Mikhail N. Muravev konkrete Maßnahmen einführten, die den polnischen Gutsherren und katholischen Geistlichen das Leben erschwerten,[23] stritt der Synod in Sankt-Petersburg über die Lage der Orthodoxen Kirche in den Nordwestprovinzen. Schon im Jahre 1859 war ein Ausschuss gegründet worden, der die Lage der Orthodoxie sowie ihr Reformbedürfnis beurteilen sollte. Obwohl alle betroffenen Ministerien und Bistümer in diesem Ausschuss vertreten waren, kam aus seiner Arbeit nichts Innovatives heraus. Es wurde lediglich festgestellt, dass die Lage gar nicht so schlimm sei, man solle nur von den Gemeindemitgliedern Geld für den Unterhalt der Priester statt Naturalien fordern, eine Neuerung die seit 1842 schon auf dem Tisch

---

[22] Rimskij, Konfessional'naja politika (wie Anm. 18), S. 25-28.
[23] Siehe z.B. Schybeka, Nordwestprovinzen (wie Anm. 6), S. 126-127.

lag.²⁴ Diese Forderung wurde auch nach 1864 nicht erfüllt, obwohl Geld im Fahrwasser des polnischen Aufstandes bereitgestellt worden war.²⁵

Weil die geistlichen Mitglieder des Synodenausschusses die schwierige Lage der Orthodoxen Kirche in den Nordwestprovinzen nicht zur Kenntnis nehmen wollten, kam der Ausschuss zu keinem Ergebnis. Es bedurfte der Eigeninitiative vom Innenminister des Russischen Reiches, Pëtr A. Valuev in einem anderen Ausschuss, um eine Reform für die Orthodoxe Kirche in der Region zu beschließen.²⁶ Gleichzeitig liefen Bemühungen von staatlicher Seite her, Übertritte von der Katholischen Kirche zur Orthodoxie zu fördern. Anders als in den Ostseeprovinzen, wo die Lutherische Landeskirche der Deutschen als privilegiert galt, wurde die Katholische Kirche im Russischen Reich nur als geduldete, schismatische Kirche angesehen. Es galt die Katholiken, besonders die Weißrussen und Ukrainer, die als Russen gezählt wurden, ‚zurück' in den Schoß der orthodoxen Mutterkirche zu führen.²⁷ Über die Möglichkeit, polnische Katholiken zu bekehren, wurde auch heftig debattiert, während die Litauer als fanatische Katholiken galten, die ‚konversionsunfähig' waren.²⁸ Die Anzahl der Konvertiten in den verschiedenen Gouvernements der Nordwestprovinzen spiegelt dies wider: in Minsk, wo die meisten katholischen Weißrussen lebten, war auch die Zahl der Konvertiten am höchsten.²⁹ Insgesamt gab es in den sechs Nordwestprovinzen ungefähr 75.000 Übertritte zur Orthodoxen Kirche. Dies war jedoch mehr Illusion als Wirklichkeit. Viele der Übertritte waren politisch motiviert oder auf hinterlistige Weise von übereifrigen Beamten in die Wege geleitet worden.³⁰ Die Konvertiten hatten wenig Ahnung von den Dogmen und Traditionen der Orthodoxie und gingen wei-

---

[24] Rimskij, Konfessional'naja politika (wie Anm. 18), S. 32; Freeze, Parish Clergy (wie Anm. 3), S. 224-226.
[25] Freeze, Parish Clergy (wie Anm. 3), S. 306.
[26] Rimskij, Konfessional'naja politika (wie Anm. 18), S. 36.
[27] Darius Staliūnas, Making Russians (wie Anm. 8), S. 134.
[28] Ebd., S. 134-135.
[29] Ebd., S. 133.
[30] Ebd., S. 144-147.

Russisch-Orthodoxe Kirche

terhin zur katholischen Messe, wo sie die ihnen bekannten polnischen Lieder singen konnten.[31] Während in den Ostseeprovinzen eine Übersetzungstätigkeit in den lokalen Sprachen vorzufinden war, tat sich in den Nordwestprovinzen nichts dergleichen. Die Frage nach einer Liturgie und einem Katechismus in litauischer Sprache wurde mehrmals diskutiert, aber nichts wurde umgesetzt.[32] Weil Weißrussisch und Ukrainisch nur als Dialekte der großrussischen Sprache angesehen wurden, gab es auch keine Versuche, in diese Sprachen zu übersetzen. Polnisch war die Sprache der katholischen Erzfeinde des russischen Reiches, also konnten auch keine Übersetzungen ins Polnische erfolgen. Nur für die kleine lettische Bevölkerungsgruppe im Gouvernement Vitebsk wurden Übersetzungen angefertigt und die lokale Sprache eingeführt.[33] Jedoch waren die lettischen Gemeinden des Bistums verschwindend klein; nur 2,5% der Letten in diesem Gouvernement – 6.350 Menschen – gaben bei der Volkszählung 1897 an, orthodox zu sein.[34] Ein interessanter Punkt hierbei ist, dass der 1893 gewählte Bischof Aleksandr (Zakkis) von Polock-Vitebsk ein gebürtiger Lette war. Er wollte die Orthodoxie unter den Letten mit eigens dafür bestimmten Missionaren fördern, was ihm jedoch nur schlecht gelang.[35]

---

[31] Regina Laukaitytė, 1863-ji metai Lietuvos stačiatikių vyskupijos istorijoje, unveröffentlichter Tagungsbeitrag, Vilnius, 12-13. Mai, 2008, S. 7.
[32] Staliūnas, Making Russians (wie Anm. 8), S. 136.
[33] Aleksandr Gavrilin, Pravoslavnaja Cerkov' i rusifikatorskaja politika v Latgalii vo vtoroj polovine XIX – načale XX vekov (na primere Ludzenskogo blagočinija) [Die Orthodoxe Kirche und die Russifizierungspolitik in Lettgallen in der zweiten Hälfte des 19. und zu Beginn des 20. Jahrhunderts (am Beispiel der Blagočinie Ludza)], in: Al'manax (2006) Nr. 7, in http://shh.neolain.lv/seminar23/alm7.gavrilin.htm [20.03.09].
[34] Siehe Ernst Benz, Zwischen konfessioneller, regionaler und nationaler Identität. Die Katholiken in Lettgallen und Lettland im 19. und 20. Jahrhundert, in Nordost-Archiv, N.F. 7 (1998), Nr. 2, S. 443-495, hier S. 445. – Die Angabe des russisch-lettischen Kirchenhistorikers S. P. Saharov, es habe in den 1890er Jahren 50.000 orthodoxe Letten in diesem Gebiet gegeben, scheint maßlos übertrieben. Sergej P. Saharov, Pravoslavnyja cerkvi v Latgalii [Die orthodoxe Kirche in Lettgallen], Riga, 1939, S. 9. – Die gleiche Zahl befindet sich jedoch in Gennadij Šejkin, Polockaja Eparhija [Die Eparchie Polock], Minsk, 1997, S. 58.
[35] Gavrilin, Pravoslavnaja Cerkov' (wie Anm. 33).

Wie in den Ostseeprovinzen war die Aktivität der Orthodoxen Kirche in den Nordwestprovinzen mehr durch lokale Maßnahmen geprägt als durch eine zentrale Planung. Im Unterschied zu den Ostseeprovinzen jedoch, kamen sogar die lokalen Maßnahmen selten von den Klerikern, sondern von weltlichen Behörden. Während Innenminister Valuev an der Spitze der kirchlichen Reformbemühungen politische Bekehrungsmaßnahmen für unangebracht hielt, bestanden die Generalgouverneure von Wilna auf der besonderen Rolle der Politik für Konversionen. Hier ist vor allem Konstantin Kaufman, Generalgouverneur seit 1865, zu erwähnen, der im darauf folgenden Jahr ganz plötzlich vom Zar entlassen wurde, teilweise auf Druck von Valuev.[36] Sein Nachfolger im Amt, der lutherische Deutschbalte Eduard Baranov, war unerwartet genauso pro-orthodox und anti-katholisch wie Kaufman und wurde zwei Jahre später wieder aus Vilnius entfernt. Unter dem Generalgouverneur Aleksandr Potapov (1868-1874) kam die Konversionswelle zu einem plötzlichen Halt und auch die Verfolgung der Katholischen Kirche ließ nach.[37]

Anders als in den Ostseeprovinzen hatte der Amtsantritt Zar Aleksanders III. keine weitreichenden Änderungen der Russifizierungspolitik in den Nordwestprovinzen zur Folge. Die Maßnahmen, die seit dem polnischen Aufstand von 1863/1864 in die Wege geleitet worden waren, wurden lediglich weiter gefestigt.[38] Der Orthodoxen Kirche ging es zunehmend um die Sicherung der Bestände und um die Konsolidierung ihrer Mitglieder.[39] Als Konstantin P. Pobedonoscev Oberprokuror wurde, stieg die staatliche Förderung stark an. Auch die zahlreichen orthodoxen Bruderschaften, die in den vorhergehenden Jahren entstanden waren, trugen zu dieser Förderung bei.[40] Pobedonoscev verwandelte in seinen 25 Jahren als *Oberprokurator* (1880-1905) die Russische Orthodoxe Kirche zu einem ultra-

---

[36] Staliūnas, Making Russians (wie Anm. 8), S. 138-141.
[37] Ebd., S. 154-155.
[38] Weeks, Nation and State (wie Anm. 6), S. 106.
[39] Gerhard Simon, Konstantin Petrovič Pobedonoscev und die Kirchenpolitik des Heiligen Sinod 1880-1905, Göttingen, 1969, S. 212.
[40] Rimskij, Konfessional'naja politika (wie Anm. 10), S. 40-41.

konservativen und fast paranoiden Arm der Staatsgewalt.[41] Es gab keine neue Konversionswelle bis 1905, als in den sieben Jahren nach dem Toleranzedikt mindestens 60.000 Orthodoxe in den Nordwestprovinzen zur Katholischen Kirche zurückkehrten.[42]

Die meisten Kommentatoren sind sich einig, dass die massive staatliche Rückendeckung der Orthodoxie in den Nordwestprovinzen der Kirche teilweise mehr geschadet als genützt hat. Die zugeschriebene Rolle der orthodoxen Geistlichkeit als wichtigstes Instrument der Russifizierung brachte Verletzungen des kanonischen Rechts sowie staatliche Einmischung in innerkirchliche Angelegenheiten mit sich.[43] Die Maßnahmen gegen den polnischen Einfluss führten, besonders in den litauischen Gebieten, eher zu einem wachsenden Nationalbewusstsein als zu einer Schwächung des Katholizismus.[44]

Schlussbemerkungen

Die Unterschiede zwischen der Lage der Orthodoxie in den Ostseeprovinzen und in den Nordwestprovinzen sind groß. Während im ersten Fall die loyalen lutherischen Deutschbalten als ‚Gegner' agierten, waren es im letzteren die aufständischen, katholischen Polen. Den Deutschbalten wollte man ursprünglich keinen Schaden zufügen, für die Polen wurde die Ausübung des katholischen Glaubens streng reglementiert. Die lutherische Kirche der Deutschbalten war privilegiert und galt als fortschrittliche Institution, während die katholische Kirche im Russischen Reich nur geduldet wurde und ihre Anhänger als Fanatiker galten. Als die Orthodoxe Kirche ihren Staatskirchenanspruch Mitte des neunzehnten Jahrhunderts auch im konfessionell gemischten Westen des Reiches erhob, wurde dies als geplante ‚Rückkehr' zur Mutterkirche in den Nordwestprovinzen

---

[41] Polunov, Pod vlast'ju (wie Anm. 2), S. 111.
[42] Paul Werth, Trudnyj put' k katolicizmu – Veroispovednaja prinadležnost' i graždanskoe sostojanie posle 1905 g. [Der schwierige Weg zum Katholizismus – Konfessionelle Zugehörigkeit und staatsbürgerliche Lage nach 1905], unveröffentlichter Tagungsbeitrag, Vilnius, 2003, in http://faculty.univ.edu/pwerth/Metrastis.pdf [20.03.09], S. 8.
[43] Rimskij, Konfessional'naja politika (wie Anm. 18), S. 42.
[44] Laukaitytė, 1863-ji metai (wie Anm. 31), S. 12.

propagiert,[45] während es im Baltikum einer unkoordinierte Konversionswelle bedurfte. Letztlich waren die lokalen Behörden in den Ostseeprovinzen selbst lutherische Deutschbalten, die die Ausbreitung der Orthodoxie nicht fördern konnten, während sie in den Nordwestprovinzen vorwiegend aus russischen oder russifizierten Beamten bestand, deren anti-polnische und anti-katholische Haltung offensichtlich war.

Es gibt jedoch auch ganz klare Parallelen zwischen den beiden Fällen. Erstens zeugten die Aktionen der orthodoxen Kirche in beiden Fällen nicht von einer Eigeninitiative, sondern wurden von den politischen und administrativen Maßnahmen der weltlichen Behörden gesteuert. Dort wo es Eigeninitiative gab, ging dies ganz deutlich von einzelnen, eifrigen Bischöfen oder Priestern aus, die aber nicht weiter verfolgt wurde. Auch kann man die behördlichen Reaktionen auf den polnischen Aufstand von 1863/64 mit den Russifizierungsmaßnahmen Alexanders III. in den 1880er Jahren im Baltikum vergleichen. In beiden Fällen wurden neue Gouverneure eingesetzt, die deutlich mehr pro-russisch und pro-orthodox waren als die bisherigen. In beiden Fällen jedoch, waren sie übereifrig und haben durch ihre deutliche Unterstützung der Orthodoxen Kirche die Kluft zwischen Orthodoxen und Lutheranern bzw. Katholiken vergrößert und somit die Identifikation der lokalen Bevölkerung als Nicht-Russen gefördert.

Ein wichtiges Merkmal der russischen Politik der zweiten Hälfte des neunzehnten Jahrhunderts ist der Mangel an Koordination und Planung.[46] Es gab keinen vorgefertigten Plan für eine Russifizierung und jede Maßnahme war von den jeweiligen Vorlieben und Qualitäten der beteiligten Beamten abhängig. Dies galt in hohem Maße auch für die Orthodoxe Kirche, in der jeder Bischof in seinem Bistum große Autonomie besaß. Die meisten hohen Beamten übertrugen ihre Erfahrungen bei Versetzungen einfach weiter. Ein Beispiel ist E. M. Kryžanovskij, der von 1864 bis 1883 in Polen diente, dann als ‚rechte Hand' Pobedonoscevs in den Ostseeprovinzen Bericht über

---

[45] Es gab direkte Bemühungen um die ganze katholische Bevölkerung zu konvertieren, vgl. Dolbilov/Staliūnas, Obratnaja Unija, (wie Anm. 21).
[46] Weeks, Nation and State (wie Anm. 6), S. 108-109.

Russisch-Orthodoxe Kirche

die Orthodoxie erstattete.[47] Es ist nicht von der Hand zu weisen, dass er hier eine Rolle bei der Durchführung der Russifizierungsmaßnahmen innehatte.

Die Interessen der Orthodoxen Kirche wurden vom Staat jedoch selten berücksichtigt, wenn es um Konfessionspolitik ging. Es gibt genügend Anzeichen dafür, dass Bischöfe und Priester mit vielen Russifizierungsmaßnahmen nicht einverstanden waren, sowohl im Baltikum als auch in den Nordwestprovinzen. Die Kirche wurde also größtenteils unfreiwillig als Russifizierungsinstrument missbraucht, was ihrem Image und ihrem Ansehen mehr schadete als nützte. Durch die starke Anbindung an den Staatsapparat war es ihr zudem nicht möglich, eigene Interessen wirksam zu vertreten.

---

[47] Simon, Pobedonoscev (wie Anm. 39), S. 73-74.

Stefan Dyroff

PROTESTANTISCHER KIRCHENBAU IN DER PROVINZ POSEN IM
LANGEN 19. JAHRHUNDERT. VON DER NACHAHMUNG DES ZENT-
RUMS ZUM „VERSUCHSFELD" MODERNER KONFESSIONELLER
ARCHITEKTUR?

Einleitung: Deutscher protestantischer Kirchenbau im 19. Jahrhundert zwischen Konfessionalisierung, Nationalisierung und Modernisierung

Die Beschäftigung mit der Religionsgeschichte des 19. Jahrhunderts hat durch die von Olaf Blaschke in einem 2000 in der Zeitschrift *Geschichte und Gesellschaft* aufgestellte These, dass das 19. Jahrhundert als Zweites Konfessionelles Zeitalter begriffen werden könne, Auftrieb erhalten.[1] In Bezug auf Ostmitteleuropa hat Martin Schulze Wessel diese für die Böhmischen Länder bereits abgelehnt. Er sieht zwar eine zunehmende öffentliche Bedeutung der Religion im 19. Jahrhundert, führt diese aber auf die Verbindung zum Nationalen zurück.[2] Meine im Rahmen des theoretischen Konzeptes der Erinnerungskultur nach Jan Assmann mit einer Konzentration auf die Formwahl und Außenwirkung durchgeführte Analyse des christlichen Sakralbaus im Nordosten der Provinz Posen (Poznańskie) zwischen 1871 und 1939 bestätigt diesen Eindruck ebenfalls.[3] Konfessionelle Besonderheiten wurden mehrheitlich als nationale Besonderheiten wahrgenommen. Eine scharfe Trennung zwischen nationalen und religiösen Motiven ist in der Praxis meist unmöglich. Diese Wahrnehmung dominiert jedoch erst nach Ende des Kultur-

---

[1] Olaf Blaschke, Das 19. Jahrhundert: Ein Zweites Konfessionelles Zeitalter?, in: Geschichte und Gesellschaft 26 (2000), S. 38-75.
[2] Martin Schulze Wessel, Das 19. Jahrhundert als „Zweites Konfessionelles Zeitalter"? Thesen zur Religionsgeschichte der böhmischen Länder in europäischer Hinsicht, in: Zeitschrift für Ostmitteleuropa-Forschung 50 (2001), S. 514-530.
[3] Stefan Dyroff, Erinnerungskultur im deutsch-polnischen Kontaktbereich. Bromberg und der Nordosten der Provinz Posen (Wojewodschaft Poznań) 1871-1939 (Einzelveröffentlichung des Deutschen Historischen Instituts Warschau 19), Osnabrück 2007, S. 212-240.

kampfs und der Zunahme der nationalen Polarisierung im Zeitalter der verstärkten staatlichen Germanisierungsbemühungen nach 1880.

Etwa im gleichen Zeitraum beginnt im deutschen Protestantismus der Versuch, das konfessionelle Erbe stärker zu akzentuieren und den Einfluss der katholischen Tradition zurückzudrängen.[4] Im Wiesbadener Programm von 1891 wurde eine Rückbesinnung auf spezifisch protestantische Bautraditionen sowie das damit verbundene Gemeinde- und Gottesdienstverständnis gefordert.[5] Auch der Erste Kongress für den Kirchenbau des Protestantismus 1894 kritisierte die herrschende Baupraxis.

Damit setzt auch im Sakralbau eine Entwicklung ein, die Blaschkes These stützt, dass im Konfessionellen Zeitalter nicht das Vermischte, sondern das Unvermischte akzentuiert wurde.[6] Dabei zeigt sich eine Verspätung gegenüber anderen Bereichen des religiösen Lebens, die Blaschke im Gegensatz zur Architektur in seine Analyse einbezogen hat. Der Bereich des Kirchenbaus scheint daher eine Sonderrolle innerhalb der Religionsgeschichte einzunehmen. Dies bestätigen die Forschungen von Hanns Christof Brennecke, der die These aufgestellt hat, dass es im späten 19. Jahrhundert keinen genuin kirchlichen Stil mehr gegeben, sondern die Kirche den Anschluss an die moderne Architektur gesucht habe.[7] Neben dem dadurch verbundenen Bedeutungsverlust der Kirche gegenüber ande-

---

[4] Zur protestantischen Sakralarchitektur im 19. Jahrhundert siehe: Der Kirchenbau des Protestantismus von der Reformation bis zur Gegenwart, hrsg. v. d. Vereinigung Berliner Architekten, Berlin 1893; Geschichte des protestantischen Kirchenbaues. Festschrift für Peter Poscharsky zum 60. Geburtstag, hrsg. v. Klaus Raschzok / Rainer Soerries, Erlangen 1994; Eva-Maria Seng, Kirchenbau zwischen Politik, Kunst und Liturgie. Theorie und Wirklichkeiten im evangelischen Kirchenbau des 19. Jahrhunderts, Stuttgart 1995. Seng konzentriert sich auf Bauten in Württemberg und Sachsen, so dass ihre Ergebnisse nicht ohne Modifikationen auf die Verhältnisse in Preußen übertragen werden können.

[5] Klaus Schulte, Zur Kontroverse im deutschen und evangelischen Kirchenbau des späten 19. und frühen 20. Jahrhunderts, Berlin 1992, S. 221.

[6] Olaf Blaschke, Abschied von der Säkularisierungslegende. Daten zur Karriere von Religion (1800-1970) im zweiten konfessionellen Zeitalter: eine Parabel, in: zeitenblicke 5 (2006), Nr. 1. Online unter http://www.zeitenblicke.de/2006/1/Blaschke/index_html, Abschnitt 9.

[7] Hanns Christof Brennecke, Protestantischer Kirchenbau an der Wende zum 20. Jahrhundert in: Geschichte des protestantischen Kirchenbaues (wie Anm. 4), S. 126.

Protestantischer Kirchenbau in der Provinz Posen

ren Bauaufgaben brachte die im 19. Jahrhundert einsetzende Modernisierung auch die Bürokratisierung mit sich. Im Bereich des kirchlichen Bauwesens in Preußen bedeutete dies eine Vereinheitlichung durch Zentralisierung, da alle Bauentwürfe durch Baubeamte der Berliner Ministerien genehmigt werden mussten.

Der Einfluss des Staates zeigte sich jedoch nicht nur in der Bauaufsicht, sondern auch durch die Beteiligung an der Finanzierung. Da in der Provinz Posen historisch gewachsene Patronatsstrukturen im Gegensatz zu anderen preußischen Landesteilen meist nur für katholische Pfarrgemeinden bestanden, war die Anzahl von Staatspatronaten über evangelische Pfarrgemeinden wesentlich höher. Die sich dadurch ergebende besondere Unterstützung des preußischen Staates für evangelische Sakralbauten kann daher auch als Bestandteil der Germanisierungspolitik angesehen werden. Andererseits gab die finanzielle Abhängigkeit den zentralen Behörden die Möglichkeit, den Einfluss der örtlichen Gemeinden gering zu halten und damit den vom Zentrum in die Peripherie ausstrahlenden Institutionalisierungsprozess zu stärken.[8]

Im Folgenden soll daher der Frage nachgegangen werden, inwieweit führende preußische Architekten und Baubeamte in der Provinz Posen hauptsächlich etablierte Bauideen unter Berücksichtigung der finanziellen Möglichkeiten umsetzten oder diese als Versuchsfeld für eine moderne konfessionelle Architektur nutzten. Mit dieser Vorgehensweise soll versucht werden, die seit der Zuspitzung des Nationalitätenkampfes in der Provinz Posen, der spätestens seit dem Kulturkampf auch eine konfessionelle Komponente hatte, als Germanisierungsmaßnahme gewerteten evangelische Sakralbauten mit Blick auf die zeitgleiche Konfessionalisierung aus einem anderen Blickwinkel zu betrachten. Neben der Interpretation, dass der verstärkte evangelische Sakralbau eine national intendierte Veränderung der Kulturlandschaft mit sich brachte, kann deren verstärkte Sichtbarkeit und ihre Neuartigkeit auch als Versuch der Behauptung der Institution Kirche in einer sich immer stärker säkularisierenden Umwelt sowie als Antwort auf den als Konkurrenz begriffenen Sozia-

---

[8] Blaschke, Das 19. Jahrhundert (wie Anm. 1), S. 61, sieht Institutionalisierung, die Zentralisierungsprozesse mit sich bringt, als Teil der Konfessionalisierung.

lismus und die Arbeiterbewegung angesehen werden. Dies bestätigen auch die im gleichen Zeitraum massiv zunehmenden Bauaktivitäten der katholischen Kirche, die nicht ausschließlich als nationalpolnische Antwort auf deutsche Bauaktivitäten geplant wurden.[9]

Im Gegensatz zu meiner Dissertation steht in diesem Beitrag keine unter nationalen Gesichtspunkten erfolgte Wahrnehmungs- und Rezeptionsgeschichte im Vordergrund, sondern die Intentionen der beteiligten Architekten und Baubeamten. Dabei erfolgt eine Konzentration auf Grundrisse sowie in geringerem Maße die Kanzelstellung und die Formwahl, da die konfessionellen Besonderheiten vor allem in diesen Punkten zu suchen sind.

Evangelische Sakralbauten auf dem Gebiet der Provinz Posen vor 1815

Eine Tradition des protestantischen Sakralbaus gab es bis zum Übergang der Provinz zur preußischen Herrschaft 1772 bzw. 1793 nur im Grenzgebiet zu Schlesien und Großpolen, wo sich eine größere Anzahl von Glaubensflüchtlingen aus Schlesien und anderen deutschen Gebieten verstärkt seit dem 17. Jahrhundert niederließ.[10] In dieser Zeit entstanden sowohl Holz- als auch Fachwerk- und Steinbauten. Die Bauausführung wurde dabei meist durch die finanziellen Möglichkeiten der örtlichen Gemeinden bestimmt, auch wenn es diskriminierende Eingriffe der Behörden gegenüber den in Polen als dissidentisch eingestuften evangelischen Bekenntnissen gab. In der Situation der geduldeten Diaspora vermieden die Gemeinden meist im Stadtbild dominierende Bauten, die von den Katholiken als Provokation angesehen werden konnten. Oft erhielten sie aber auch nur rand-

---

[9] Vgl. Dyroff, Erinnerungskultur im deutsch-polnischen Kontaktbereich (wie Anm. 3) S. 213-230.

[10] Dieser Abschnitt stützt sich in Bezug auf die Zeit bis 1815 auf die Ausführungen bei Julius Kohte, Geschichte des protestantischen Kirchenbaues in der Provinz Posen, in: Zeitschrift der Historischen Gesellschaft für die Provinz Posen 12 (1897), S. 1-32. Neuere Publikationen liegen kaum vor. Ausnahme ist eine polnischsprachige Monografie zur Posener Kreuzkirche. Iwona Błaszczyk, Dawny zbór Świętego Krzyża na Grobli [Die ehemalige protestantische Kreuzkirche auf dem Grobla], Poznań 2001.

ständige Bauplätze. Neben diesen strukturellen Einschränkungen sind Einflüsse aus benachbarten Regionen wie Schlesien, Brandenburg, Böhmen und Sachsen deutlich sichtbar. Eigenständige Traditionen entwickelten sich praktisch nicht.

Nach dem Übergang des Gebietes an Preußen 1772 bzw. 1793 veränderte sich die strukturelle Lage. Die evangelischen Bekenntnisse waren nun keine geduldeten mehr, sondern übernahmen *de facto* die Funktion einer Staatskirche, deren Oberhaupt der preußische König war. Damit waren vor allen Dingen finanzielle Hilfen verbunden, die den umgehenden Bau zahlreicher Fachwerkkirchen mit eingebauten doppelten Emporen vor allem in bisher unversorgten und neugegründeten Gemeinden nach sich zogen.

Kirchenbauten von Friedrich Schinkel

Von 1815 bis 1840 prägten König Friedrich Wilhelm III. sowie Karl Friedrich Schinkel als Leiter der Oberbaudeputation den Sakralbau der Provinz Posen entscheidend mit.[11] Dabei hat Schinkel mindestens 15 Entwürfe für evangelische Kirchen in der Provinz gefertigt. Deren Mehrzahl entstand in den Jahre 1824-1829. Sein früherer Entwurf für Nakel (Nakło, Entwurf 1819, erbaut 1821-1824) im Nordosten der Provinz wurde von Friedrich Wilhelm III. aus Sparsamkeitsgründen 1827 zur Normalkirche für ganz Preußen erklärt. Dieser stellte jedoch Schinkel selbst nicht zufrieden. Er hatte dabei eine noch weniger repräsentative Ausführung verhindert, die ein erster Entwurf der Gemeinde vorgesehen hatte, an dem Schinkel bemängelte, dass dieser „zu wenig im Charakter eines dem Gottesdienst gewidmeten

---

[11] Die folgende Darstellung beruht nicht auf eigenen Quellenstudien, sondern folgt ausschließlich Eva Börsch-Supan, Die Provinzen Ost- und Westpreußen und Großherzogtum Posen (Karl Friedrich Schinkel: Lebenswerk, Bd. 18), München 2003. Es wird daher auf weitere Fußnoten verzichtet. Neben Börsch-Supan wurde auch der weitgehend auf ihren Forschungen beruhende Beitrag von Janusz Opaska, „Projekty typowe" Karla Friedricha Schinkla i świątynie ewangelickie w Międzyrzeczu, Gliśnie i Rogozińcu [„Typische Projekte" von Karl Friedrich Schinkel und die evangelischen Kirchen in Meseritz, Gleißen und Rogsen, in: Ziemia Międzyrzecka. Śladami Historii, hrsg. v. Bogusław Mykietów / Marceli Tureczek, Międzyrzecz 2005, S. 245-267, verwendet.

Gebäudes gehalten" sei. Da die örtlichen Gemeinden sowie die Architekten jedoch mehrheitlich nicht mit reinen Funktionsbauten einverstanden waren, wurde der Normalkirchentwurf bald um eine Variante mit Turm ergänzt, die beispielsweise in Rogsen, Kreis Meseritz (Rogoziniec, pow. Międzyrzecz, Entwurf 1829, erbaut 1837-1840) zur Ausführung kam. Ohne Turm wurden selbst Kirchen in für die Verhältnisse der Provinz Posen größere Städte wie Krone an der Brahe (Koronowo, erbaut 1831) oder Strelno (Strzelno, Entwurf 1824, erbaut 1826) errichtet. Eine Ausnahme stellen hier die nahe der brandenburgischen Grenze gelegenen Stadtkirchen in Birnbaum (Międzychód, Entwurf 1829, erbaut 1838/40), Meseritz (erbaut 1828/32) und Wollstein (Wolsztyn, Entwurf 1827, erbaut 1830/32) dar, deren Außenarchitektur repräsentativer gehalten sowie deren Innenräume entsprechend ausgestattet wurden. Wenn wie in Fraustadt (Wschowa) oder Posen (Poznań) eine repräsentative und funktionstüchtige evangelische Kirche bereits vorhanden war und ein Zweitbau errichtet wurde, verweigerte der König dagegen die notwendigen Zusatzmittel, so dass keine wirkliche monumentale Ausführung möglich war.

Die Tatsache, dass die Mehrzahl der Schinkel in der Oberbaudeputation zur Bestätigung vorgelegten Entwürfe andere Bauideen wie Anklänge an den Barock enthielten, zeigt, dass das Beispiel der staatlich finanzierten Bauten, die unmittelbar nach dem erneuten Übergang des Gebietes an Preußen entstanden waren, die örtlichen Eliten wie Pfarrer, Gemeindevorstände sowie Baumeister und Baubeamten kaum beeinflusst hatte.[12] Durch die finanzielle Abhängigkeit der Gemeinden von den königlichen Zuschüssen gelang es der Oberbaudeputation jedoch entweder einen eigenen Gegenentwurf oder zumindest zahlreiche Änderungswünsche durchzusetzen, wenn der Bau schon begonnen wurde. Der fehlende direkte Kontakt mit den vor Ort für den Bau verantwortlichen Personen gab diesen je-

---

[12] Im Regierungsbezirk Stralsund, der 1815 preußisch wurde, kam es noch zu einigen Barockbauten, da hier die Inkorporation des Gebietes in die preußischen Verwaltungsstrukturen langsamer von statten ging. Dies zeigt, dass der Verzicht auf Barockformen von oben durchgesetzt wurde. Siehe Jana Olschewski, Der evangelische Kirchenbau im preußischen Regierungsbezirk Stralsund 1815 bis 1932, Schwerin 2006, S. 94.

doch einen Spielraum für eigenmächtige Änderungen in der Ausführung.

Trotz einer Entwicklung von den Normalkirchen nach dem Muster von Nakel hin zu klassizistischen Rundbogenformen zeichnen sich die Schinkelkirchen in der Provinz Posen doch durch eine gewisse stilistische Einheitlichkeit aus. Diese unterschied sich nicht von Schinkels Wirken in anderen preußischen Regionen. Die Provinz Posen wurde jedoch durch Nakel keinesfalls stilbildend. Der Vorbildcharakter dieses Entwurfs war nie von Schinkel intendiert gewesen und geht auf eine in der Praxis nie wirklich umgesetzte Anordnung des Königs zurück. Direkte Übernahmen von Berliner Mustern wie bei der Turmgestaltung in Gnesen (Gniezno, Entwürfe 1824-1836, erbaut 1840-42) waren ebenfalls selten. Auch ein bewusst konfessionelles oder nationales Bauen kann nicht beobachtet werden. Die Bauten konzentrierten sich auf Gebiete, in denen bereits ein hoher Anteil an evangelischer Bevölkerung bestand, wobei jedoch das Grenzgebiet zu Schlesien ausgenommen war. Hier scheinen die Bausubstanz sowie die Dichte des Kirchennetzes bereits zu polnischer Zeit höher gewesen zu sein. Im direkten Grenzgebiet besuchten die Kirchgänger teilweise auch den Gottesdienst in benachbarten schlesischen Gemeinden.

Dabei entstanden keine Bauten, die der katholischen Bevölkerung die Zugehörigkeit zum preußischen Staat und dessen wirtschaftliche Stärke symbolisieren sollten. Um Konflikte mit der katholischen Bevölkerung zu vermeiden, lehnte der König auch die Übernahme der Kirchen aufgelöster katholischer Klöster oder anderer katholischer Kirchen in Posen, Gnesen, Fraustadt und Krone ab. Einzig beim Kirchenbau in Gnesen, dem traditionellen Sitz des katholischen Erzbischofs spielte die konfessionelle und nationale Konkurrenz eine Rolle. Kultusminister Karl von Stein zum Altenstein forderte die Verwendung des „deutschen Kirchenstils" und überzeugte den König, dass dort ein angemessener Bau zur Ausführung kommen müsse. Auch das Oberpräsidium legte auf eine besondere äußere Würde der in Gnesen zu errichtenden Kirche wert. Diese 1835 vorgetragenen Argumente widersprechen auch der Hypothese von Börsch-Supan, die nach dem Novemberaufstand 1830 im be-

Stefan Dyroff

nachbarten russischen Teilungsgebiet Polens eine Verunsicherung in der preußischen Verwaltung vermutet und damit die nach 1830 verringerte Bautätigkeit zu erklären versucht.

Dies kann jedoch auch durch die geringer werdende Notwendigkeit sowie die Sparsamkeit des Königs erklärt werden. Die intensive Bautätigkeit zwischen 1815 und 1830 hatte die in polnischer Zeit nicht zur vollen Entfaltung gekommenen kirchlichen Bedürfnisse der evangelischen Bevölkerung in den größeren Städten mit Ausnahme Gnesens vorerst befriedigt. Auch die Zerstörung älterer Bauwerke durch Brände sowie in den Napoleonischen Kriegen hatte die Zahl der Neubauten erhöht und damit auch den Baubestand verjüngt und die Anzahl der wegen Baufälligkeit zu erneuernden Kirchen potentiell verringert. Die Tatsache, dass die evangelischen Gemeinden katholische Kirchen übernehmen wollten, zeigt dagegen, dass auf speziell konfessionelle Bauten kein Wert gelegt wurde. Dies bestätigt sich auch darin, dass Schinkels Normalentwurf in der Provinz Posen dreimal Ausgangspunkt für die Planung katholischer Dorfkirchen war. Neben der Ausführung von Doppelemporen im Inneren lässt sich kaum eine konfessionelle Besonderheit in Schinkels Tätigkeit feststellen.

Daher kann hier resümiert werden, dass sich der evangelische Kirchenbau in der Zeit zwischen 1815 und 1840 in Bezug auf Formwahl, Grundrisse und die Art der Ausführung kaum von der Entwicklung in anderen preußischen Provinzen unterscheidet. In der Praxis zeigt sich eine weitgehende Nachahmung der im Zentrum entwickelten Prämissen und Ideen, deren Umsetzung Schinkel durch zahlreiche Abänderungen meist mit Erfolg einforderte. Dabei spielten die nationalen und konfessionellen Besonderheiten der Provinz Posen praktisch keine Rolle. Diese zeigten sich nur darin, dass trotz vorhandenem Sparwillen weitgehend auf die Übernahme katholischer Kirchen verzichtet wurde.

August Stüler[13]

Schinkels Nachfolger August Soller[14] und August Stüler wirkten zwischen 1840 und 1861 unter dem Romantiker auf dem Thron Friedrich Wilhelm IV., der persönlich sehr ausgeprägte Vorstellungen vom Kirchenbau hatte und teilweise selbst in die Entwürfe eingriff. Er förderte die Gründung neuer Pfarrgemeinden und war weniger sparsam als sein Vorgänger. Obwohl Stüler erst 1853 Schinkels Nachfolger August Soller nachfolgte, hatte er schon zuvor großen Einfluss auf den Kirchenbau in Preußen, da er Soller in seiner Funktion als Mitglied der Oberbaudeputation (seit 1842) und Architekt des Königs maßgeblich unterstützte. Organisatorisch war Stüler dabei nach Auflösung der Oberbaudeputation 1849 Abteilungsleiter im Handelsministerium. Zwischen 1844 und 1862 erschien unter seiner Leitung ein in mehreren Lieferungen aufgeteiltes Musterbuch mit Kirchenentwürfen[15], das für einige Jahrzehnte große Bedeutung erlangte. Fern jedes Schematismus finden sich Entwürfe für verschiedene Kirchengrößen darunter auch der für Groß-Neudorf (Nowa Wieś Wielka, erbaut ab 1867) bei Bromberg (Bydgoszcz). Diese sahen für kleinere Kirchen längsrechteckige Grundrisse vor. In der Praxis hat Stüler für 262 Kirchenbauten die Oberaufsicht gehabt, wobei er wahrscheinlich an etwa hundert davon aktiv mitgewirkt hat.

---

[13] Der folgende Abschnitt folgt Eva Börsch-Supan / Dietrich Müller-Stüler, Friedrich August Stüler 1800-1865, München 1997. Auf Einzelnachweise wird verzichtet. Es bleibt jedoch anzumerken, dass die im Gegensatz zum Schinkelband für Posen fehlende Mitwirkung eines polnischen Kollegen zu einigen Ungenauigkeiten im Bereich der Provinz Posen geführt hat. Beispielsweise wurde die Kirche in Grünkirch (Rojewice) fälschlicherweise Roneck (Rojewo) zugeordnet, so dass diese gut erhaltene Kirche von den Autoren vor Ort nicht vorgefunden wurde.

[14] Die Tätigkeit August Sollers in der Provinz Posen ist, obwohl dieser 1835-1837 Bauinspektor in Posen war, in der Literatur bisher nur mangelhaft erfasst. Günther Grundmann, August Soller 1805-1853: ein Berliner Architekt im Geiste Schinkels, München 1973, führt sie zwar an, stellt den Leser allerdings mit fehlerhaften Ortsangaben wie „Konojat, Kr. Krettin, Posen" oder „Diedlenim, Kr. Pleschen, Posen" vor Rätsel. Daher kann hier nicht gesondert auf die Tätigkeit Sollers eingegangen werden.

[15] Entwürfe zu Kirchen, Pfarr- und Schul-Häusern: Zum amtlichen Gebrauche, hrsg. v. August Stüler, Potsdam 1844-1862.

Stefan Dyroff

Dabei fällt auf, dass Zentralbauentwürfe fast nur in Berlin verwirklicht wurden, was auch darauf zurückzuführen ist, dass seine derartigen Entwürfe für größere Kirchen gedacht waren. Seine Formsprache umfasste Formen, die von der Kunsthistoriografie als frühchristlich, romanisch, gotisch und der italienischen Frührenaissance verwandt bezeichnet werden, wobei letztere in Posen nicht zur Anwendung kamen. 40 seiner Bauten entstanden in der Provinz Posen, wovon 34 Neubauten evangelischer Kirchen waren. Somit stellte die Provinz Posen neben der Mark Brandenburg in quantitativer Hinsicht einen Schwerpunkt in Stülers Kirchenbautätigkeit dar. 21 der Kirchen entstanden in neugegründeten Gemeinden, sechs ersetzten abgebrannte Holzkirchen. Das Posener Konsistorium als Baupartner versuchte dabei einerseits Schemata als Planungsgrundlage durchzusetzen. Andererseits strebte es eine bauliche Gleichwertigkeit zwischen evangelischem und katholischem Sakralbau an. Neben dem Konsistorium hatten auch die örtlichen Gemeinden in einigen Fällen andere Vorstellungen als Stüler und der König, so dass diese von damals gängigen Normen abweichende Sakralbauideen nicht immer durchsetzen konnten. Überliefert ist der erfolgreiche Widerstand gegen ein griechisches Kreuz als Grundriss in Klecko (Kłecko, erbaut 1856/59) sowie einen asymmetrischen Turm in Pogorzela (erbaut 1860/62) und Weißenhöhe (Białośliwie, erbaut 1860). In der Form spiegelten die Kirchen den Trend der damaligen Zeit wieder, da der Rundbogenstil häufiger als gotische Formen eingesetzt wurde. Nur die Kirche in Pleschen (Pleszew, erbaut 1844-48) wurde verputzt, ansonsten wurden meist rote, in seltenen Fällen gelbe Ziegel verwendet. Vom Grundriss her handelte es sich meist um Langhauskirchen, die meisten von ihnen mit Apsis auf der Altarseite und Turm über dem Eingang. Nur die Kirche in Schönlanke (Trzcianka, erbaut 1845-47) war dreischiffig. Im Gegensatz zur Schinkel-Zeit wurden jetzt alle Kirchen mit Turm ausgeführt.

Ein abschließender Blick auf die unter Mitwirkung und Aufsicht von Stüler entstandene Bauten lässt im Hinblick auf die geografische Verteilung einen Schwerpunkt im Norden, Westen und Süden feststellen, womit nun im Gegensatz zur Schinkel-Zeit auch das Grenzgebiet zu Schlesien staatlich unterstützte Neubauten erhielt. Aus architektonischer Sicht blieben trotz Stülers Bestreben, nicht schematisch zu bauen, Formen und Grundrisse sehr einheitlich, was jedoch auch durch den Widerstand der lokalen Instanzen bedingt war. Das Beharren der örtlichen Eliten auf Langhauskirchen kann durch die noch weitgehend ständische Struktur der dortigen Gesellschaft erklärt werden. Diese konnten im Gegensatz zu Zentralbauten die gesellschaftliche Hierarchie der Kirchgänger besser abbilden. Dabei spielte aber auch die möglichst kostengünstige Bedarfsdeckung eine Rolle, die auf einen weiterhin vorhandenen Nachholbedarf hinweist, der nun durch Gemeindeteilungen entstand, um die Entfernungen zum sonntäglichen Kirchgang im ländlichen Raum zu verringern. Dennoch entstand auch in den mehrheitlich evangelischen Gegenden nur langsam ein den katholischen Verhältnissen vergleichbar dichtes Gemeindenetz.

Friedrich Adler[16]

In seiner Amtszeit von 1877-1900 war Friedrich Adler, der in einem nun eigenständigen Ministerium für öffentliche Arbeiten arbeitete, an zahlreichen Kirchenbauten in der Provinz Posen beteiligt. Peter Lemburg gibt für Preußen eine Gesamtzahl von etwa 350 Kirchenneubauten an. Diese hat er jedoch weder im Einzelnen aufgelistet, noch haben andere Forscher seine diesbezüglichen Vorarbeiten fortgesetzt. Nur im Zusammenhang mit denkmalpflegerischen Maßnahmen sowie lokalen Bauten in Berlin, Bromberg und Wilhelmshaven wurden die von ihm erschaffenen Bauwerke näher betrachtet.[17] Die

---

[16] Die Tätigkeit Wilhelm Salzenbergs als Nachfolger Stülers hat von der Kunsthistoriografie praktisch keine Aufmerksamkeit erfahren, so dass eine Analyse seiner zwölfjährigen Tätigkeit von 1865 bis 1877 ohne eigenes Aktenstudium unmöglich ist. Daher wird hier ein Sprung von Stüler zu Adler vorgenommen. Vgl. Wilhelm Salzenberg, Architekt des Historismus in Münster und Berlin, hrsg. v. Stadtmuseum Münster, Münster 1992. Der Abschnitt folgt weitgehend Peter Lemburg, Leben und Werk des gelehrten Berliner Architekten Friedrich Adler (1827-1908), Berlin 1989, berücksichtigt aber auch Ergebnisse eigener Forschungen.
[17] Peter Lemburg, Friedrich Adlers Sankt Thomas-Kirche in Berlin-Kreuzberg, Berlin 1985; Ernst Badstübner, Friedrich Adler. Denkmalpfleger und Historist, in: Kunstverhältnisse. Ein Paradigma kunstwissenschaftlicher Forschung, hrsg. v. Ulrike Krentlin, Berlin 1988, S. 94-98; Ingo Sommer, Schinkel-Schüler in Wil-

folgenden Ausführungen, die sich auf die Kirchenbauten in Bromberg (erbaut 1872-78), Gozdowo (erbaut 1861) im Kreis Wreschen (Września), Wilhelmsort (Sicienko, erbaut 1884, Turm 1892) im Kreis Bromberg, Schwarzenau (Czerniejewo, erbaut 1893) und Argenau (Gniewkowo, erbaut 1895) beschränken, erheben daher keinen Anspruch auf Vollständigkeit und sollen vor allen Dingen weitere Forschungen anregen.

Friedrich Adlers Hauptwerk in der Provinz Posen stand dabei nicht in Verbindung mit seiner Tätigkeit als Baubeamter, sondern er wirkte hier als freier Architekt. Seine an der Danziger Straße in Bromberg errichtete Paulskirche war die damals größte evangelische Kirche der Stadt. Sie stellt eine verkleinerte Version seiner Berliner Thomaskirche dar. Diese entstand 1864-1869 auf einem kurzen lateinischen Kreuz als Grundriss mit halbkreisförmigen Querschiffflügeln und einer schmalen Chorapside. Dieser Grundriss ermöglichte trotz eines verhältnismäßig geringen Umfangs eine relativ große Anzahl von Sitzplätzen in der Kirche, was die Kosten pro Sitzplatz, eine damals gängige Rechengröße im Kirchenbau, erheblich senkte, jedoch akustische Mängel zur Folge hatte. Gleichzeitig brach Adler damit behutsam aus den strengen Vorschriften des Eisenacher Regulativs aus. Stilistisch war die Kirche im Rundbogenstil gehalten.

Die Kirchen in Gozdowo, Wilhelmsort und Argenau zeigen dagegen deutliche Anlehnungen an gotische Formen, wobei diese Kirchen kaum Ähnlichkeiten oder Besonderheiten aufweisen. Bei der unter seiner Leitung nach 1890 anstelle des abgebrochenen Rathauses errichteten Kirche in Schwarzenau setzte Adler mit einer einschiffigen Kirche mit nur einer seitlichen Empore auf ein neues Grundrisssystem.[18] Hierbei war die Kanzel an der der Empore gegenüber liegenden Seite angebracht, während der Turm auf der Emporenseite stand. Dies betonte den Predigtcharakter der evangeli-

---

helmshaven, in: 150 Jahre Jadevertrag, hrsg. v. Hans-Wilhelm Berner / Gisela Gerdes, Wilhelmshaven 2004, S. 74-110; Inga Kuberska, Architektura sakralna Bydgoszczy w okresie historyzmu [Bromberger Sakralarchitektur in der Zeit des Historismus], in: Materiały do dziejów kultury i sztuki Bydgoszczy i regionu 3 (1998), S. 61-82.

[18] Abbildung in: Der Kirchenbau des Protestantismus von der Reformation bis zur Gegenwart, hrsg. v. d. Vereinigung Berliner Architekten, Berlin 1893, S. 321.

schen Kirche, ohne einen von Adler abgelehnten Kanzelaltar verwenden zu müssen. Die Formen waren im Rundbogenstil gehalten.

Adlers aus Berlin in die Provinz Posen gebrachte neuen Grundrissideen fanden keine Nachahmer. Während sich dies im Falles der Bromberger Paulskirche noch damit erklären lässt, dass ein solcher Entwurf nur für eine große Stadtkirche in Frage kam und eine solche in diesem Zeitraum nur in Bromberg errichtet wurde, ist dies bei seinem Grundrissentwurf für Schwarzenau anders.[19] Hier scheint der Hang der Gemeinden zur traditionell symmetrischen Anordnung stärker gewesen zu sein als der Wille eine als typisch protestantisch proklamierte Lösung anzuwenden. Auch bei der Formwahl wirkte Adler nicht vorbildhaft, da sowohl der Rundbogenstil als auch die Neogotik den allgemeinen ästhetischen Vorlieben der Zeit entsprachen. Selbst die von Peter Lemburg in Adlers Gesamtwerk festgestellte Anlehnung an die stilistischen Hauptcharakteristika der entsprechenden Kulturlandschaft ist in seinen Bauten nicht zu entdecken.

Resümierend lasst sich sagen, dass auch Friedrich Adler in Berlin entwickelte und dort sowie in weiteren Teilen Preußens umgesetzte Idee in der Provinz Posen verwirklichte. Er war jedoch kein Dogmatiker, der eine beschränkte Anzahl von Modellen und Formen umsetzte, sondern beteiligte sich mit seinen Bauten an der Suche nach neuen Lösungen für die Bauaufgabe einer modernen evangelischen Kirche. Dabei standen jedoch die Beteiligung am Wettbewerb für den Berliner Dom oder der Bau von Vorstadtkirchen in Berlin im Mittelpunkt. Seine in der Provinz Posen errichteten Bauten wurden abgesehen von der Bromberger Paulskirche von ihm nicht publiziert, was zeigt, dass er diese selbst nicht als Wegbereiter und Inspiration für zukünftige Bauten ansah. Während Adler deutlich das Konfessionelle betonte, war ihm eine bewusst nationale Formsprache fern. Seine Kirchen in Argenau und Schwarzenau konnten keinesfalls mit den dort bestehenden älteren katholischen Kirchen konkurrieren, noch setzten sie bewusste Kontraste zu diesen.

---

[19] Dennoch legte Friedrich Adler einen sehr interessanten Entwurf für einen Zentralbau für die Wartislaw-Gedächtniskirche in Stolpe an der Peene in Vorpommern 1890 vor. Olschewski, Der evangelische Kirchenbau (wie Anm. 12), S. 95.

Stefan Dyroff

Oskar Hossfeld[20]

Adlers Nachfolger Oskar Hossfeld veröffentlichte eine Vielzahl der unter seiner Leitung gebauten Kirchen unmittelbar nach deren Fertigstellung und führte diese mit einer ausführlichen Einleitung versehen in einem in vier Auflagen erschienen Buch *Stadt- und Landkirchen* zusammen. Dabei fällt auf, dass etwa 20 Prozent der dort beschriebenen und abgebildeten Kirchen in der Provinz Posen errichtet wurden, so dass diese hier überproportional vertreten war. Die Publikation zeigt deutlich, dass Hossfeld eine allgemeine Qualitätssteigerung unter Verwendung neuer Kirchenbauideen bei gleichzeitiger Weiterentwicklung älterer Muster anstrebte. Ein Blick auf die Grundrisse sowie die Formwahl zeigt, dass unter seiner Leitung vielfältige Bauten entstanden. Neben Saalkirchen wurden nun auch Zentralanlagen mit Kanzelaltar sowie asymmetrische zweischiffige Kirchen mit teilweise nur einseitigen Emporen bei seitlicher Kanzelstellung errichtet. Während romanische Formen und der Rundbogenstil nach 1900 nicht mehr angewendet wurden und nur die Gotik als mittelalterlicher Stil weiter in Verwendung war, ist eine verstärkte Hinwendung zu Barock und Renaissance unter Einschluss von Elementen des Klassizismus und des Jugendstils zu bemerken. Damit stieg auch der Anteil von Putzbauten, während zuvor beinahe ausschließlich in roten Ziegeln ausgeführte Bauten errichtet worden waren. Neben der Hinwendung zu als protestantisch empfundenen Grundrisslösungen- und Formen bemühte sich Hossfeld, bewusste Kontraste zu bestehenden katholischen Kirchen zu setzen.

---

[20] Der folgende Abschnitt stützt sich auf Oskar Hossfeld, Stadt- und Landkirchen. Mit Anhang Kirchenausstattung, vierte neubearbeitete und erweiterte Auflage, Berlin 1915. Einige Informationen zu Hossfeld finden sich auch bei Irma Kozina, Górnośląska architektura sakralna w podręczniku Oskara Hossfelda [Oberschlesische Sakralarchitektur im Musterbuch von Oskar Hossfeld], in: Architektura i sztuka sakralna na Górnym Śląsku III, hrsg. v. Marek Wroński, Miasteczko Śląskie 2000, S. 21-42; Gabriela Klause, Roger Sławski 1871-1963. Architekt, Poznań 1999. Zu den Kirchen auf dem heutigen Posener Stadtgebiet siehe Zofia Kurzawa / Andrzej Kusztelecki, Historyczne kościoły Poznania. Przewodnik [Die historische Kirchen Posens. Ein Führer], Poznań 2006. Die schlechte Forschungslage erlaubt nicht in allen Fällen die genaue Datierung der Bauten.

Damit entsprachen die von ihm in der Provinz Posen ausgeführten Bauten einerseits der zeitgenössischen Sakralarchitektur Preußens.[21] Andererseits wurde hier stärker experimentiert, vor allem um gleichzeitig ästhetisch, akustisch und finanziell befriedigende Lösungen unter Wahrung protestantischer Besonderheiten zu finden. In der Christuskirche in der Posener Vorstadt Lazarus (Łazarz, erbaut 1904-1907) wurde so versucht mit Hilfe einer neuartigen Eisenkonstruktion einen Dachturm zu errichten, um den Vorraum zu verkleinern, während in Bentschen (Zbąszyn) eine Zentralanlage mit Seitenflügeln entstand. In Exin (Kcynia) wurde versucht eine asymmetrische zweischiffige Kirche neben einem massiven Turm vor dem Hauptschiff mit einem Treppenturm und durch einen Ziergiebel abgeschlossenen Querbau als Nebenschiff zu versehen.

Ebenfalls unter der zentralen Aufsicht von Hossfeld standen die Sakralbauten der Ansiedlungskommission in der Provinz Posen[22], wobei diese in der Praxis meist unter der Leitung eines dortigen Baubeamten standen. Während bis etwa 1900 vorwiegend Saalkirchen unter Verwendung gotischer Formen gebaut wurden, setzte der Ende des 19. Jahrhunderts seine Tätigkeit aufnehmende Baubeamte Paul Fischer verstärkt auf asymmetrisch-zweischiffige Grundrisse, die für die Gestaltung repräsentativer Dorfkirchen besonders geeignet waren. Teilweise wurde versucht die Grundrisse dem Quadrat anzunähern. Damit einher ging eine Hinwendung zu Renaissance- und vor allem Barockformen, wobei die weiterhin verwendeten gotischen Formen nun ästhetisch gelungener eingesetzt wurden. In Kreising (Krzesiny) bei Posen wurde mit einer vorher auf der Ost-

---

[21] Vgl. Klaus Schulte / Peter Lemburg, Kirchen zwischen 1861 und 1918, in: Berlin und seine Bauten, Teil VI: Sakralbauten, hrsg. v. Architekten- und Ingenieur-Verein zu Berlin, Berlin 1997, S. 69-132; Olschewski, Der evangelische Kirchenbau (wie Anm. 12).
[22] Der folgende Überblick stützt sich neben publizierten Entwürfen auch auf eigene Archivrecherchen in der Außenstelle Gnesen des Posener Staatsarchivs, wo die Aktenüberlieferung der Ansiedlungskommission aufbewahrt wird. Weitere Literaturhinweise finden sich in Stefan Dyroff, Budownictwo sakralne Komisji Osadniczej w okolicach Bydgoszczy [Sakralbauten der Ansiedlungskommission in der Umgebung Brombergs], in: Materiały do Dziejów Kultury i Sztuki Bydgoszczy i Regionu 10 (2005), S. 104-112.

deutschen Ausstellung 1911 im Rahmen eines Musterdorfes aufgebauten Dorfkirche aus Holz eine weitere Variante des protestantischen Sakralbaus ausprobiert. Sie kann als Versuch angesehen werden, sakralen Räumen für kleinere Gemeinden ein kirchlicheres Aussehen zu geben, als dies bei der Errichtung eines Bethauses der Fall war. Deren zahlreiche sowie sehr uniforme Errichtung stellte unter diesem Gesichtspunkt einen Rückfall in die Schinkel-Zeit dar.

Den Eindruck des zunehmenden Experimentalcharakters bestätigt die Umsetzung eines Vorschlages vom evangelischen Kirchenbaukongress 1906 durch Paul Fischer in Nordheim (Morasko) bei Posen. Hier wurde ein Theater- oder Hörsälen ähnliches Gefälle nach vorne in den Sitzreihen umgesetzt. Am Ende dieser Schräge wurde die Kanzel zentral aufgestellt, hinter der nach einigen Stufen aufwärts der Altar folgte. Hinter und über diesem befand sich dann die Orgelempore. Dadurch sollte der Prediger von jedem Platz in der Kirche aus gleich gut gesehen und verstanden werden können. Vom Grundriss aus gesehen handelt es sich um eine Saalkirche mit zentralem Turm, ausgeführt in Formen des 18. Jahrhunderts.

Es fällt auf, dass gerade die Ansiedlungskommission nach 1900 verstärkt Zentralräume plante, was damit in Verbindung stehen könnte, dass sich in den Ansiedlungsgemeinden keine gesellschaftliche Hierarchie ausbilden sollte. Die Ansiedler sollten sich nicht sozial, sondern national definieren. Diese Tendenzen sind zwar auch in jenseits der Ansiedlungskommission gebauten Kirchen zu beobachten. Sie konnten aber in den sich erst im Aufbau befindlichen Ansiedlungsgemeinden leichter durchgesetzt werden.

Fazit

Der nähere Blick auf die im 19. Jahrhundert unter Mitwirkung staatlicher Baubeamter entstandenen evangelischen Sakralbauten der Provinz Posen bestätigt den Eindruck, dass diese Akteure nach 1880 eine Wendung zum stärker konfessionellen Bauen einleiteten. Dabei wurde Posen vor allem nach 1900 zu einem „Versuchsfeld" für eine neue konfessionelle Architektur. Dies wurde zwar von deutschen und polnischen Zeitgenossen als nationales Element gewertet und von

Protestantischer Kirchenbau in der Provinz Posen

ersteren teilweise auch so artikuliert, um den Einsatz der finanziellen Mittel zu rechtfertigen. Eine rein nationale Perspektive wird auch den Bauten, die in der Zeit Schinkels und Stülers entstanden, nicht gerecht. Ihre genauere Betrachtung und Einordnung bestätigt vielmehr den in anderen neueren Forschungsarbeiten[23] geäußerten Eindruck, dass eine moderne Nationalitätenpolitik in diesem Zeitraum überhaupt nicht betrieben wurde. Diese war vielmehr ein Beiprodukt der Modernisierungs- und Territorialisierungsbestrebungen des preußischen Staates, hatte aber auch säkularisierende Nebeneffekte wie den staatlichen Willen zur Kostenminimierung. Nur der Widerstand örtlicher Eliten und der führenden Baubeamten verhinderte, dass sich die vom König favorisierte Normalkirche, der weitgehend sakrale Züge fehlten, durchsetzte. In der Stüler-Zeit versuchte das Posener Konsistorium in Zusammenarbeit mit den provinzialen Baubehörden dagegen die knappen Mittel durch eigene Normentwürfe, die eine Ausführung mit Turm ermöglichten, maximal auszunutzen. Dies engte den gestalterischen Spielraum Stülers ein und führte zu mehrheitlich konventionellen Bauten, die vorhergehende Tendenzen der Berliner Bauschule nachahmten.

Für die Zeit nach 1880 wird deutlich, dass die Wahrnehmung institutioneller Maßnahmen als Nationalisierung keineswegs gleichbedeutend mit einer solchen Intention ist. Ähnlich wie Jens Boysen[24] dies überzeugend für die Situation der Polnischsprachigen in der preußischen Armee dargestellt hat, kann auch die Tätigkeit der Evangelischen Kirche in der Provinz Posen jenseits des Nationalitätenkampfes durch eine institutionelle Perspektive analysiert werden. So wie die Armeeführung ihre militärische über eine von außen hineingetragene nationalitätenpolitische Aufgabe stellte, war auch die Kirchenleitung an der Stärkung ihres konfessionellen Profils interessiert. Auch wenn in beiden Institutionen auf unteren Hierarchiestufen agierende Personen in Einzelfällen nationale Aufgaben für wichtiger

---

[23] Vgl. Torsten Lorenz, Von Birnbaum nach Międzychód. Bürgergesellschaft und Nationalitätenkampf in Großpolen bis zum Zweiten Weltkrieg, Berlin 2005.
[24] Jens Boysen, Preußische Armee und polnische Minderheit: Royalistische Streitkräfte im Kontext der Nationalitätenfrage des 19. Jahrhunderts (1815-1914), Marburg 2008.

Stefan Dyroff

als ihre eigentlichen Pflichten ansahen, so kann dies keinesfalls automatisch auf die Leitungsebene übertragen werden. Dies zeigt auch die Tätigkeit der Baubeamten, die im evangelischen Sakralbau der Provinz Posen nach 1900 jenseits nationaler Rhetorik vor allem konfessionell motivierte Experimente durchführten. Für die Posener Evangelischen Landeskirche sollte der sich hier andeutende Paradigmenwechsel jedoch noch in einer weitere Bereiche des kirchlichen Lebens umfassenden Studie überprüft werden. Die bereits vorliegenden Arbeiten von Joachim Rogall und Olgierd Kiec[25] bieten dazu einen guten Ausgangspunkt.

---

[25] Joachim Rogall, Die Geistlichkeit der evangelisch-unierten Kirche in der Provinz Posen 1871-1914 und ihr Verhältnis zur preußischen Polenpolitik, Marburg/Lahn 1990; Olgierd Kiec, Protestantyzm w Poznańskiem 1815-1918 [Protestantismus in der Provinz Posen], Warszawa 2001.

Marlene Klatt

DIE HASKALA IN STÄDTEN DER NORDOSTEUROPÄISCHEN
GRENZREGION

Die deutsch-jüdische, von Moses Mendelssohn in Berlin ausgehende Aufklärung, hat Ende des 18. Jahrhunderts auch nach Osteuropa hineingewirkt.[1] Die Tätigkeit berühmter reformorientierter Rabbiner und die Konzentration haskalischer Gelehrter, Schriftsteller und Politiker in bestimmten Städten Nordostmitteleuropas hat die Forschung teilweise dazu verleitet, Städte wie Warschau,[2] Wilna[3] und Königsberg[4] als „Zentren der Aufklärung" zu betrachten.[5] Dies scheint jedoch nicht in jedem Fall berechtigt zu sein. Dies zeigt das Beispiel der Königsberger jüdischen Gemeinde, die lange Zeit als Hochburg der jüdischen Aufklärung galt. Stefanie Schüler-Springorum hat dieses Bild korrigiert.[6] Sie konnte zeigen, dass die Maskilim genannten Reformer zwar ihre aufgeklärten Ideen verbreiteten und versuchten, Reformen in der Gemeinde durchzusetzen, jedoch weitgehend am Widerstand orthodoxer und chassidischer Gruppierungen

---

[1] Zu den dortigen Vertretern der jüdischen Aufklärung, den Maskilim, äußerte sich der Memeler Rabbiner Dr. Issak Rülf, der im Folgenden noch ausführlicher vorgestellt werden wird, im Jahre 1882 in seiner Schrift „Drei Tage in Jüdisch-Rußland": „Die Volksbezeichnung für diese Männer war die ‚Berliner', weil sie sich als die Stammhalter der Berliner von Mendelssohn ausgegangenen Reformen betrachteten', vgl. Issak Rülf, Drei Tage in Jüdisch-Rußland. Ein Cultur- und Sittenbild, Frankfurt/M. 1882, S. 78.
[2] Heiko Haumann, Geschichte der Ostjuden, München ³1993, S. 114.
[3] Gottfried Schramm, Wilna und die Entstehung eines ostjüdischen Sozialismus 1870-1900, in: Shulamit Volkov, Deutsche Juden und die Moderne, München 1994, S. 133.
[4] Jacob Toury, Soziale und politische Geschichte der Juden in Deutschland 1847-1871, Düsseldorf 1977, S. 54.
[5] In der Literatur wird behauptet, dass in einigen kleineren Städten wie Kalisz, Tschenstochau, Łódź, Lublin, Włocławek oder Zamość die Maskilim zeitweise bedeutende Wirkung entfalten konnten, vgl. François Guesnet, Polnische Juden im 19. Jahrhundert. Lebensbedingungen, Rechtsnormen und Organisation im Wandel, Köln 1998, S. 283.
[6] Stefanie Schüler-Springorum, Die jüdische Minderheit in Königsberg/Preußen 1871-1945, Göttingen 1996.

innerhalb der Gemeinde scheiterten.[7] Es ist zu vermuten, dass der Einfluss der der Haskala zuzurechnenden Gelehrten, Schriftsteller und Rabbiner und die Wirkung ihrer Schriften und Reformversuche in manchen Fällen überschätzt wurden, weil wenig über deren faktische Rezeption in der jüdischen Bevölkerung bekannt ist. Das betrifft sowohl die alltägliche religiöse Praxis in den jüdischen Gemeinden als auch das Ausmaß ihrer Akkulturation an die nichtjüdische Mehrheitsgesellschaft. Der Erfolg des Modernisierungsprozess in der jüdischen Bevölkerung im nordöstlichen Europa während des 19. Jahrhunderts ist also zu hinterfragen.

Die folgende Darstellung geht der Frage nach, welche Impulse von der Haskala, der jüdischen Aufklärung, auf drei bedeutende Zentren jüdischen Lebens in Nordosteuropa während des 19. Jahrhunderts ausgegangen sind, welche Entwicklungen sie dort bestimmt hat und in welchen Vorhaben sie gescheitert ist. Hierbei stellt sich vor allem auch die Frage nach der innergemeindlichen Resonanz auf diese Reformbemühungen, nach ihrer Durchsetzungsfähigkeit und Akzeptanz im religiösen Alltag. Maßstab für die Beurteilung sollen ganz bestimmte Merkmale sein, die im Folgenden vorgestellt werden. Dieser Essay möchte zur Diskussion der in der Forschung noch nicht abschließend beantworteten Frage beitragen, inwieweit die Haskala in Nordosteuropa konkrete Veränderungen in den jüdischen Gemeinden bewirkt hat.

Die Haskala als Teil der jüdischen Religionsströmungen im nördlichen Ostmitteleuropa

Das Ziel der Maskilim genannten jüdischen Aufklärer war die rechtliche Gleichstellung der jüdischen Bevölkerung über Akkulturation bzw. Assimilation, um sie zu „nützlichen Staatsbürgern" zu machen und sie damit aus der benachteiligten Sonderstellung herauszulösen.[8]

---

[7] Dies., Die jüdische Gemeinde Königsberg 1871-1945, in: Zur Geschichte und Kultur der Juden in Ost- und Westpreußen, hrsg. v. Michael Brocke (u.a.), Hildesheim 2000, S. 166.
[8] Zur Haskala in Polen und Russland siehe Jüdisches Lexikon. Ein enzyklopädisches Handbuch des jüdischen Wissens in vier Bänden, Bd. II., 2. Aufl. Frankfurt/M. 1987 (Nachdruck 1. Auflage Frankfurt/M. 1927), Bd. II, Sp. 1446-1449; Christoph

Haskala

Die gesellschaftlich weitgehend isolierte jüdische Lebenswelt sollte säkularisiert werden. Diese Notwendigkeit galt aus Sicht der Reformer umso mehr für den nordöstlichen Grenzbereich als multinationale Kontaktregion.[9] Hier war die jüdische Bevölkerung unterschiedlichen, überwiegend restriktiven rechtlichen und hieraus resultierenden äußerst beengten sozioökonomischen Lebensverhältnissen ausgesetzt. Diese jüdische Intelligenz unterhielt Kontakte zu ihrer nichtjüdischen Umwelt, nahm an deren sozialem Leben teil und glich sich in der Lebensführung ihr an.

Im nördlichen Mittelosteuropa waren die jüdischen religiösen Strömungen an der Wende vom 18. zum 19. Jahrhundert weitaus vielfältiger als im Westen Europas. Neben der klassischen Orthodoxie hatten sich nach der Katastrophe des Chmielnicki-Aufstandes von 1648,[10] der von vernichtenden Pogromen gegen die jüdische Bevölkerung begleitet wurde, die auch in den nachfolgenden Jahrzehnten immer wieder auftraten, verschiedene messianische und vor allem mystische Strömungen innerhalb des Judentums entwickelt. Dazu gehörten Bewegungen wie die des Sabbatai Zwi (1626-1676) und seiner Nachfolger, der Frankisten[11], ferner chassidische Strömungen,[12] die durch lebensbejahende Frömmigkeit und Brüder-

---

Schulte, Die jüdische Aufklärung. Philosophie, Religion, Geschichte, München 2002.
[9] Zur Situation der dortigen jüdischen Bevölkerung vgl. die Habilitationsschrift von Ruth Leiserowitz, Sabbatleuchter und Kriegerverein: Juden in der ostpreußisch-litauischen Grenzregion 1812-1942, Osnabrück 2010.
[10] Hierzu Shaul Stampfer, What actually happened to the Jews of Ukraine in 1648?, in: Jewish History 17 (2003), S. 207-227,
[11] Sie gipfelte in der Bewegung seines selbsternannten Nachfolgers Jakob Frank (1726-1791), der später zum Katholizismus übertrat. Diese wirkte unter Führung seiner Tochter Eva bis zum Beginn des 20. Jahrhundert fort. Sie entwickelte sich vor allem durch die Idee von der „Heiligkeit der Sünde", die durch Praxis überwunden werden sollte, um das Böse zu bekämpfen, zu einer von allen rabbinischen Vorschriften und geistigen sowie politischen Ordnungen befreienden Sekte, die wegen ihrer ethischen Ignoranz sowohl von Juden als auch Christen bekämpft wurde, siehe hierzu Jüdisches Lexikon, Bd. II, Sp. 712f; ferner Ekaterina Emiliantseva, Warschauer Frankisten im ausgehenden 18. Jahrhundert, in: Litauen und Ruthenien. Studien zu einer transkulturellen Kommunikationsregion (15.-18. Jahrhundert), hrsg. v. Stefan Rohdewald (u.a.), Wiesbaden 2007, S. 164-189.
[12] Hierzu Jüdisches Lexikon, Bd. I.,2. Aufl. Frankfurt/M. 1987, Sp. 1339f.

lichkeit „einfache Wahrheiten für eine schwierige Welt"[13] suchten. Die Hauptströmung stellte der Chassidismus im nordöstlichen Europa dar. Er repräsentierte verschiedene Richtungen mystisch-religiöser Ideen im Judentum.[14] Nicht intellektuelle Gelehrsamkeit, sondern das freudvolle religiöse Gefühl bis hin zur Ekstase stand im Vordergrund und machten den Chassidismus, der in Gemeinschaften praktiziert wurde, zu einer gesellschaftlich-religiösen Volksbewegung der ärmeren jüdischen Klassen.[15] Zu den wichtigsten chassidischen Richtungen in der genannten Region gehörten der Zaddek-Chassidismus,[16] die Chabad- oder Lubawitsch-Chassidim[17], und die Mussarbewegung.[18] Der Chassidismus verbreitete sich während des

---

[13] Simon Jacobson, Die Weisheit des Rabbi Schneerson. Einfache Wahrheiten für eine schwierige Welt, Gütersloh 2007.

[14] Hierzu siehe Simon Dubnow, Geschichte des Chassidismus, Nachdruck Königstein/Taunus, 1982.

[15] Heiko Haumann, Polen und Litauen, in:, Handbuch zur Geschichte der Juden in Europa, Bd. 1, Länder und Regionen, hrsg. v. Elke-Vera Kotowski (u.a.), Darmstadt 2001, S. 237.

[16] Die Zaddik-Bewegung wies ebenfalls frankistische Züge auf. Als Vermittler zwischen den Menschen und Gott sollte ein Zaddik, ein Gerechter, fungieren. Die ursprünglich egalitäre Bewegung entwickelte sich zu einem elitären Mystizismus innerhalb der Gemeinden, an dessen Spitze Wunderrabbis als Verbindung zu Gott galten. Die Gemeinde hatte den Zaddik sowohl materiell als auch durch nachdrückliche Gebete, Tanz, Fröhlichkeit bis hin zur Ekstase zu unterstützen, um Gott zur sofortigen Erlösung herauszufordern. Aus dieser Strömung entstanden machtvolle Rabbiner-Dynastien, die vielerorts berühmte Schulen bildeten, u.a. in Lubawitsch (Ljubaviči) und Lublin, siehe hierzu Jüdisches Lexikon, Bd. IV/2, Sp. 1525f.

[17] Die Chabad-Bewegung, die auf einem theoretischen und religionsgeschichtlichen System gründete, entstand als intellektueller Antipol zu den Zaddiks und wurde von Rabbi Schnoer Salman von Ljadi (1745-1812) begründet. Geografisches Zentrum wurde die westrussische Kleinstadt Lubawitsch, als sich der zweite Rabbi der Bewegung, Rabbi Dov Ber, dort 1813 niederließ, vgl. ebd., Bd. I, Sp. 1296.

[18] Die Mussarbewegung beschäftigte sich mit dem Studium von moralethischen Schriften, die sie strikt umzusetzen suchte. Die Mussarniks studierten die Moralliteratur des Mittelalters und der frühen Neuzeit, die sich über das ältere Schrifttum wie die Bibel hinaus mit u.a. Ethik, Erziehung, Familienleben, Gesundheitspflege und Umgang mit Tieren beschäftigte. Ihre Lehre erstrebte eine gewisse Verbindung zwischen den Grundideen des Chassidismus und des Rabbinismus, indem sie die Stärkung der Seele in den Vordergrund stellte, aber dabei dem Talmudismus nicht ablehnend gegenüberstand. Ziel war die sittliche Verbesserung der moralischen Einstellung. Siehe hierzu ebd., Bd. IV/1, Sp. 361; ferner Benjamin, Rabbi Israel

Haskala

19. Jahrhunderts im nordöstlichen Mitteleuropa und organisierte sich in Gemeinschaften gegen das orthodoxe Rabbinertum, das die wortgetreue Auslegung der Thora und hiernach eine entsprechende Lebensführung forderte und deshalb den Chassidismus zu bekämpfen versuchte. Das Neue und Gemeinsame an all diesen Bewegungen war, dass man nicht mehr passiv auf die Ankunft des Messias wartete, sondern dessen Erscheinen durch eigenes Handeln umsetzen wollte.[19] So zerstritten die verschiedenen religiösen Richtungen des Judentums auch waren, so zeigte sich an der Wende zum 19. Jahrhundert in ihm doch ein neuer aktivistischer Ansatz: messianische Hoffnungen ebenso wie die Suche nach Orientierung und Lösung von Problemen in einer Umbruchzeit.[20]

Zur Situation der jüdischen Bevölkerung im ostpreußisch-polnisch-russisch-litauischen Grenzgebiet

An der Wende vom 18. zum 19. Jahrhunderts waren die Lebensbedingungen der polnischen, russischen, ostpreußischen und litauischen Juden vor allem durch Sondergesetzgebungen der Staaten bestimmt, in deren Herrschaftsgebiet sie lebten. Diese gesonderten Normen machten sie innerhalb der jeweiligen Mehrheitsgesellschaften zu einer homogenen, weitgehend geschlossenen Gruppe, die in kultureller Isolation und auch sozial weitgehend abgesondert lebte. Die Mehrheit der Juden besuchte rein jüdische Religions-Schulen und sprach jiddisch.

Durch die schwere Agrarkrise zu Beginn des 19. Jahrhunderts wurde die bereits geschwächte Stellung der Juden in Polen und im russischen Herrschaftsgebiet als Mittler zwischen Land und Stadt durch den wirtschaftlichen Ruin vieler Güter zunehmend prekärer. Es kam zu einer schwerwiegenden Existenzkrise des osteuropäischen Judentums.[21]

Lipkin Salant. Sein Leben und Wirken, Berlin 1899; Ginsberg, The moralist movement in Russia, in: Menorah, April 1904.
[19] Haumann, Polen und Litauen (wie Anm. 15), S. 226.
[20] Ebd., S. 245.
[21] Hierzu Luftmenschen und rebellische Töchter. Zum Wandel ostjüdischer Lebenswelten im 19. Jahrhundert, hrsg. v. Heiko Haumann, Köln 2003.

Marlene Klatt

Nach einer Phase der Liberalisierung während der Napoleonischen Zeit (1807-1815) nahmen die Obrigkeits- bzw. Teilungsstaaten an den die Lebensbedingungen der jüdischen Bevölkerungen bestimmenden Gesetzen restriktive Änderungen vor. Sie betrafen in erster Linie die Erwerbstätigkeit und die Freizügigkeit. Zwar kam es im Zuge des Verfalls und der Aufhebung der feudalen Verhältnisse einerseits zur allmählichen Erleichterung der Lebensverhältnisse der jüdischen Bevölkerung, andererseits wurden über Jahrhunderte gewachsene soziale und ökonomische Bindungen zwischen jüdischen Vermittlern und dem Adel aufgelöst und damit die traditionellen Erwerbsgrundlagen insbesondere der ländlichen jüdischen Bevölkerung zerstört. Sie wurden zu „Luftmenschen"[22], d.h. sie besaßen keine sichere Existenzgrundlage.[23] Jüdische Verwalter und Pächter verloren ihren Broterwerb. Das Propinationsrecht (Brennrecht) wurde ihnen streitig gemacht, indem 1822 im russischen Königreich Polen ein Monopol auf das Brennrecht einrichtete. Die Jahrhunderte alte Symbiose von Juden als Mittler zwischen Adel und Bauern löste sich auf, und die jüdische Bevölkerung wanderte zunehmend vom Land in die Städte ab, so dass sie in den 1830er Jahren insbesondere in den nordöstlichen Städten über 35% der Bevölkerung ausmachte.[24]

Die Schrift „Über die bürgerliche Verbesserung der Juden" des preußischen Beamten Christian Wilhelm Dohm löste 1782 in Deutschland und insbesondere in Preußen eine rege Diskussion über die rechtliche Gleichstellung der jüdischen Bevölkerung aus. Diese mündete nach der napoleonischen Phase im sogenannten Judenedikt von 1812,[25] das der jüdischen Bevölkerung in den preußischen Kern-

---

[22] Dieser Begriff stammt vermutlich von Mendele Mojcher Sforim aus seiner 1865 erschienen Erzählung „Der Wunschring", vgl. Haumann, Polen und Litauen (wie Anm. 15), S. 248: Gottfried Schramm ordnet ihn allerdings Max Nordau zu, vgl. Schramm (wie Anm. 3), S. 130.
[23] Zum Armutsproblem der jüdischen Bevölkerung im nördlichen Ostmitteleuropa im 19. Jahrhundert siehe Desanka Schwara, „Luftmenschen" - Leidtragende des Verarmungsprozesses in Osteuropa im 19. Jahrhundert, in: Juden und Armut in Mittel- und Osteuropa, hrsg. v. Stefi Jersch-Wenzel, Köln ²2000, S. 150.
[24] Haumann, Polen und Litauen (wie Anm. 15), S. 246f.
[25] Joachim Rohlfes, Judenemanzipation in Preußen: das „Edikt betreffend die bürgerlichen Verhältnisse der Juden in dem Preußischen Staate" vom 11. März 1812, in: Geschichte in Wissenschaft und Unterricht 51 (2000), S. 333-348.

Haskala

landen und somit auch in Ostpreußen weitgehende Gleichstellung gewähren sollte. Dieses Edikt stellte unter den Teilungsmächten die fortschrittlichste Gesetzeslage für die einheimische jüdische Bevölkerung dar.

Den Beginn der politischen Erörterung der Judenemanzipation in *Polen* setzte der polnisch-jüdische Historiker Artur Eisenbach mit dem Jahr 1785 an. Damals erschien unter dem Einfluss des Werkes Dohms und der Reformen Josephs II. in Österreich in Warschau eine anonyme Broschüre mit dem Titel „Żydzi, czyli potrzeba reformowania Żydów w krajach Rzeczypospolitej polskiej" (Die Juden, oder die Notwendigkeit einer Reformierung der Juden in den Ländern der polnischen Republik).[26] In dieser forderte der unbekannte Autor vom Sejm die rechtliche Gleichstellung der jüdischen Bevölkerung als integralen Teil des Bürgertums.

In der Folgezeit behandelte ein Reformerkomitee unter Leitung Adam Czartoryskis die Judenfrage. Als Vermittler der Regierung wandte sich 1816 der Bischof von Kujawien, Franciszek Malczewski, später Erzbischof von Warschau, an den aus Königsberg stammenden Reformer David Friedländer, einem Schüler Moses Mendelsohns, und bat ihn um ein Gutachten über eine zweckmäßige Reform des Judentums. Das offenbar in Polen nie rezipierte und 1819 auf Deutsch erschienene Werk „Über die Verbesserung der Israeliten im Königreich Polen" stand ganz im Geiste Mendelsohns. Es forderte zwecks Assimilierung u.a. die Einführung der Landessprache, Beschneidung der rabbinischen Rechte innerhalb der Gemeinden, allgemeinen Schulunterricht der jüdischen Kinder an öffentlichen Schulen und Anpassung an die Landestracht. Dies zielte auf die Aufgabe der traditionellen jüdischen Kultur, um die polnischen Juden zu „nützlichen" Staatsbürgern zu machen: „Höchst nützlich auch in der Hinsicht, um der zu frühen Entwicklung des Geschlechtstriebs vorzubeugen, welcher gewöhnlich vom Müßig-

---

[26] Vgl. Artur Eisenbach, Die Judenemanzipation in den polnischen Gebieten, in: Deutsche – Polen – Juden. Ihre Beziehungen von den Anfängen bis ins 20. Jahrhundert, hrsg. v. Stefi Jersch-Wenzel, Berlin 1987, S. 182f.

gang und Nichtsthun seinen Ursprung nimmt."²⁷ Diese Kritik zielte auf die unter der jüdischen Bevölkerung verbreiteten frühen Ehen, die oftmals ohne ausreichende Lebensgrundlage geschlossen wurden und zur weiteren Verarmung beitrugen.

Die russische Politik verfolgte in ihrem Herrschaftsbereich eine wesentlich rigidere Judenpolitik als in Kongresspolen, wo sie zwischen aufgeklärter Politik und Restriktionen schwankte.²⁸ Katharina II. richtete in *Russland* in den Jahren 1791 bis 1794 den sogenannten Ansiedlungsrayon ein, auf den das Niederlassungsrecht der jüdischen Bevölkerung beschränkt blieb. Er wurde bis 1812 erweitert. In ihm lebten bis zum Ende des 19. Jahrhunderts vier Millionen Juden. Betroffen von der Notsituation seiner jüdischen Glaubensgenossen im Ansiedlungsrayon Russlands jenseits der Grenze entfaltete der seit 1865 in damals ostpreußischen Memel, dem heutigen litauischen Klaipeda, wirkende Rabbiner, Politiker, Verleger und Philosoph Dr. Isaak Rülf²⁹, ein Vertreter der Haskala, eine umfassende Hilfsaktion für die dortigen notleidenden russischen Juden und für die Emigranten und Flüchtlinge, die sich im Memeler Grenzgebiet aufhielten. Eine Hungersnot unter der jüdischen Bevölkerung veranlasste ihn 1869 in den Ansiedlungsrayon zu reisen, der wegen des Geburtenüberschusses in der jüdischen Bevölkerung und des Auswanderungs- sowie Umsiedlungsverbotes völlig übervölkert war. Bei den dortigen Behörden setzte er sich für eine Umsiedlung der jüdischen Bevölkerung in das russische Landesinnere ein.³⁰ Bei dieser Gelegenheit hielt

---

[27] Moses Mendelssohn, Über die Verbesserung der Israeliten im Königreich Pohlen, Berlin 1819, S. 61.
[28] Hierzu Norbert Franz / Wilfried Jilge, Russland, Ukraine, Weißrußland, Baltikum (Lettland, Estland), in: Handbuch zur Geschichte der Juden in Europa, Bd. 1 (wie Anm. 15), S. 184f.
[29] Zu Rülf siehe Harald Lordick, Isaac Rülf – Rabbiner, Philosoph, Zionist, Philantrop, in: Kalonymos 3 (2000), Extrablatt, S. 21; ferner Jüdisches Lexikon, Bd. IV/1, Sp. 1528; ferner: Biographisches Handbuch der Rabbiner. Teil I: Die Rabbiner der Emanzipationszeit in den deutschen, böhmischen und großpolnischen Ländern 1781-1870, Bd. 2, hrsg. v. Michael Brocke / Julius Carlebach sel. A., München 2004, S. 760f.
[30] Vgl. Dr. Isaak Rülf, Meine Reise nach Kowno um die Übersiedlung nothleidender Glaubensgenossen aus den Grenzbezirken nach dem Inneren Russlands zu ordnen, sowie die in der dortigen Synagoge gehaltenen Predigt, Memel 1869.

Haskala

Rülf in der Synagoge in Kovno eine Predigt, in der er in frühzionistischer Weise für Palästina warb. Unter dem Eindruck der Lebensverhältnisse der Juden in Russland bekundete er zurück auf preußischem Gebiet Treue und Dankbarkeit gegenüber dem preußischen Staat: „Gesegnet seiest Du mein Preußenland, gesegnet dein Volk, gesegnet deine Beamten, gesegnet deine Regierung, das ist der wahrlich treugemeinte Wunsch, womit ich meine Fahrt nach Rußland beschließen will."[31]

1802 setzte der Zar in Russland ein Komitee zur Verbesserung der Juden ein, das 1804 das „Položenie dla evreev" (Judenordnung) vorlegte. Es enthielt einige Anreize zur Emanzipation und zur Annäherung an die Mehrheitsgesellschaft. Sie betrafen u.a. die Schulpflicht und das Recht Land zu besitzen, gleichzeitig jedoch sah es Verbote für Juden vor, die u.a. das Propinationsrecht berührten, vor allem aber die Niederlassung im Inneren Russlands. Auch bei den nachfolgenden Regelungen in Russland handelte sich um typische Erziehungsgesetze. Mit der 1835 in Russland erlassenen Neufassung der Judenordnung wurden die Rabbiner zu Angestellten des Staates und standen damit unter dessen Aufsicht. Der russische Volksbildungsminister Sergej S. Uvarov beauftragte 1841 den aus Deutschland stammenden Pädagogen und Maskil Max Lilienthal mit dem Aufbau eines Systems staatlicher Schulen für jüdische Kinder, nachdem er diesem zuvor die Leitung einer Schule in Riga übertragen hatte. Dieser warb deutsche Juden für den Unterricht in seinen Reformschulen an, was bei der einheimischen jüdischen Bevölkerung auf erbitterten Widerstand stieß und zu einer innerjüdischen Auseinandersetzung zwischen Reformorientierten und Reformgegnern führte. Trotzdem erzielten die Maskilim im russischen Herrschaftsbereich mit der Zeit offenbar zumindest bei der Verbreitung der russischen Sprache Wirkung.[32] Auch wurden der jüdischen Bevölkerung in der Regierungszeit Alexanders II. mehr Rechte und der Zugang zu

---

[31] Ebd., S. 28.
[32] Zur Haskala in Russland siehe Verena Dohm, Jüdische Eliten im russischen Reich. Aufklärung und Integration im 19. Jahrhundert, Köln 2008.

weiteren Berufsfeldern ermöglicht – allerdings unter der Voraussetzung der Assimilationsbereitschaft.[33]

Alltagsgeschichtliche Merkmale von Reformansätzen

Ein geeigneter methodischer Ansatz zur Ermittlung des Erfolgs von Reformansätzen der Haskala könnte eine intensivere Beschäftigung mit der religiösen Alltagspraxis darstellen. Diese soll anhand verschiedener Kriterien ermittelt werden. Sie betreffen u.a. den Ritus des Gottesdienstes, die Ausstattung der Beträume, das Beerdigungswesen, die alltägliche Religionsausübung usw.

Klassische Merkmale für Reformen sind die Einführung der Bat Mitzwa, als weibliches Pendant des Bar Mitzwa-Festes (religiöse Mündigkeit, erstes öffentliches Vorlesen aus der Thora für Jungen). Weiter ging man, indem die Bat Mitzwa durch eine Art jüdischer Konfirmation für Jungen und Mädchen analog zum protestantischen Ritus ersetzt wurde. Andere Kennzeichen sind: die Einführung der Landessprache in den Gottesdienst, landessprachliche Gebetbücher, spezielle Gebetbücher für Frauen, Abschaffung des Betens bestimmter Psalmen (Piutim), die man als veraltet oder unverständlich ansah, und die Reduzierung der hebräischen Sprache auf wesentliche Riten. Die Einführung einer Orgel oder eines Chores und die Abschaffung der Geschlechtertrennung beim Gottesdienst sind eindeutige Reformen. Noch radikaler waren Gemeinden, die ihre Mikwen schlossen oder in Neubauten von Synagogen keine mehr einrichteten.[34] Berichte über Störungen des Gottesdienstes oder sogar tätliche Auseinandersetzungen während desselben sind Ausdruck erheblicher

---

[33] Hierzu siehe Franz/Jilge (wie Anm. 28), S. 185.
[34] Über rituelle Veränderungen können sowohl Gemeindeakten, von denen sich Teile im Central Archiv of the Jewish People (CAJ) in Jerusalem sowie die ostpreußischen Gemeinden betreffend auch im Centrum Judaicum in Berlin befinden, wie auch Nachlässe von osteuropäischen Juden, behördliche Akten (GStA Preußischer Kulturbesitz Berlin-Dahlem bzw. Staatsarchiv Olsztyn/Allenstein und anderen Archiven in Polen, Russland und Litauen aufschlussreich sein, ferner die bislang kaum genutzten Erinnerungsbücher der jüdischen Gemeinden.

Haskala

religiöser Differenzen innerhalb der Gemeinde.[35] Aber auch Grundrisse und Baupläne von Synagogen geben Hinweise auf die religiöse Ausrichtung einer Gemeinde. Der Almemor, ein erhöhter Platz mit Lesepult, auf dem aus der Thora gelesen wird, stand in den Beträumen reformorientierter Gemeinden nicht mehr beherrschend im Zentrum der Synagoge, sondern an der Apsis. Der sakrale Bereich mit Thoralade, die Predigtkanzel und das Lesepult waren also in unmittelbarer Nähe zueinander angeordnet. In großen Gemeinden übernahm ein Rabbiner eine besondere Rolle im Gottesdienst, der bisher in der Regel allein vom Kantor gehalten wurde. Er trat dabei nicht selten in einem evangelischen Geistlichen ähnlichen Ornat auf.

Weitere Indizien können jüdische Grabsteine vermitteln. Vermehrt erscheinen ab dem 19. Jahrhundert neben hebräischen landessprachliche Inschriften auf den Grabsteinen. Auch der Beerdigungsritus kann Aussagen liefern. Normalerweise wurden jüdische Tote am selben Tag beerdigt. Um zu verhindern, dass Scheintote begraben wurden, setzte man sich in Reformergemeinden für die Beerdigung erst nach drei Tagen ein. Auf den Grabsteinen, besonders bei den hebräischen Inschriften wurden in diesen Fällen das Todes- und das Beerdigungsdatum angebracht. Pompöse Grabstätten dokumentieren den Wandel ebenfalls, denn eigentlich sollten alle Juden im Tod gleich sein. Bestimmte Trauerbräuche wie z.B. das Zerreißen der Kleidung, wurden in reformorientierten Gemeinden abgeschafft.

Es gab hier und da in den Gemeinden Diskussionen über die Abschaffung der Beschneidung. Zu erkennen war das daran, dass das Amt des Mohels, der meist in mehreren Gemeinden gleichzeitig angestellt war, längere Zeit vakant blieb. Weitere Indizien für Anpassungsversuche an die christliche Mehrheitsgesellschaft sind Beschwerden von Orthodoxen über Geschäftsinhaber, die, um sich ihrer christlichen Umgebung anzupassen, ihre Geschäfte nicht am Samstag, sondern am Sonntag schlossen.

Im Alltagsbereich kam es zur Vernachlässigung der Speisegesetze und der Sabbatruhe: man fuhr z.B. mit der Kutsche zur Synagoge, was eigentlich nicht erlaubt war, da man zu Fuß zur Synagoge

---

[35] Zu beachten wäre auch Korrespondenz von Rabbinern, von denen einige im CJA vorhanden sind.

gehen sollte. Männer legten nicht, wie gefordert, für das Morgengebet den Tefillin an und beschränkten dies auf den Sabbat oder andere Feiertage. Zu belegen sind solche Entwicklungen anhand von autobiografischen Zeugnissen und Nachlässen. Ferner lässt sich die alltagsgeschichtliche Lebenswelt oftmals aus der zeitgenössischen jiddischen Profanliteratur ermitteln. Solche Beschreibungen jüdischer Lebenswelten finden wir beispielsweise bei Abraham Mapu, Gershom Scholem und dem litauischen Rabbiner Leib Jehuda Margolies oder Mendele Moicher Sforim.

Wilna

Ein Beispiel dafür, wie gering der Einfluss der Haskala in den jüdischen Gemeinden gewesen ist, stellt Wilna dar.[36] Der Memeler Rabbiner Dr. Isaac Rülf, der dort ein umfangreiches caritatives Hilfssystem für notleidende jüdische Flüchtlinge aus dem Ansiedlungsrayon aufbaute,[37] schreibt in seinem Reisebericht „Drei Tage in Jüdisch-Rußland. Ein Cultur- und Sittenbild aus dem Jahre 1882" dezidiert über den inneren Zustand der dortigen jüdischen Gemeinschaft. Er stellte die Frage: „Bildet diese große Judenschaft Wilna's eine für sich bestehende, einheitliche Gemeinde? Die Antwort ist ein entschiedenes Nein! Eine solche ist in Wilna niemals vorhanden gewesen und wird auch sowenig hier wie in den übrigen russischen Städten jemals zu Stande kommen, bevor nicht die Juden in Rußland die vollkommene Emancipation erlangt und als das, was sie wirklich sind, als den Kern der westrussischen Stadtbevölkerung anerkannt sind."[38] Rülf beschreibt den überaus heterogenen religiösen Zustand der Gemeinde und ihrer Einrichtungen sowie der Vereine und das breite System der allerdings gemeinsamen wohltätigen Organisatio-

---

[36] Zur Haskala in Litauen siehe Ulrike Billib, Die Litwaken und ihr Verhältnis zur Haskala, in: Juden in Lettland und Litauen. Auf den Spuren des Holocaust und des jüdischen Lebens in Lettland und Litauen, hrsg. v. Gunnar Bettendorf, Hannover 2006, S. 189-194.

[37] Hierzu: Von der Grenzstadt hinaus in die Welt. 100 Jahre jüdisches Leben in Memel/Klaipeda, Ausstellung des Vereins Juden in Ostpreußen. Verein zur Kultur und Geschichte, www.judeninostpreussen.de.

[38] Rülf, Drei Tage in Jüdisch-Rußland (wie Anm. 30), S. 26.

Haskala

nen, denn die Armut unter der jüdischen Bevölkerung war enorm.[39] Besonders aber stellte er den innerjüdischen Widerstand gegen die dortige staatliche Rabbinerschule heraus, die wie in Warschau mit einem Christen als Direktor und wie auch dort wegen ihres Misserfolgs in ein Lehrerseminar umgewandelt worden war. Ferner schätzte er die sogenannten Kronschulen, kommunale Schulen, in denen jüdischen Kindern Elementarunterricht erteilt wurde, als „nicht von hohem Ansehen" ein, weil sie von Maskilim als Schülern des vorgenannten Lehrerseminars geleitet wurden.[40] Allerdings betrachtete Rülf die fortschreitende Verbreitung der russischen Sprache unter den Wilnaer Juden als erfolgreich. Die sogenannten Kronrabbiner, Absolventen der staatlichen Rabbinerschulen, die in Wilna bezeichnenderweise mehrheitlich ohne Anstellung waren, bewertet Rülf folgendermaßen: „Die Stellung so eines Kronrabbiners ist eine sehr peinliche. Er fühlt, dass er Alles sein sollte und sein könnte und ist doch Nichts; und viel besser wird er auch nicht behandelt. Man betrachtet ihn als ein nothwendiges Uebel, als weiter gar nichts."[41] Die von den Haskala-Angehörigen genutzte Synagoge nannten die Wilnaer Juden bezeichnenderweise „Berliner Schul". Hierzu führt Rülf aus: „‚Berliner Schul' ist in Rußland so eine Art Collektivbezeichnung für Synagogen, in welchen eine gewisse Reform des Gottesdienstes eingeführt ist."[42] Rülf beschreibt sodann auch den Ritus des Gottesdienstes und kommt zum Ergebnis: „Der alte Ritus war vollständig beibehalten, nur, wie gesagt, der Chor trat an Stelle der Gemeinde."[43] Die Maskilim, die hier offenbar innerhalb der jüdischen Gemeinschaft lediglich eine Randrolle spielten, hatten sich mit ihren Reformansätzen faktisch kaum durchsetzen können. Demnach sind Zweifel an Wilnas Ruf als „Zentrum der Reform" angebracht.

---

[39] Mehr als die Hälfte der Juden Wilnas bangte täglich um ihr Brot, vgl. Schwara, „Luftmenschen" (wie Anm. 23), S. 153.
[40] Rülf, Drei Tage in Jüdisch-Rußland (wie Anm. 30), S. 29f.
[41] Ebd., S. 34.
[42] Ebd., S. 78.
[43] Ebd., S. 79.

Marlene Klatt

Königsberg

Bereits der Besuch des jüdischen Aufklärers Moses Mendelsohn im Jahre 1777 in Königsberg und dessen persönliche Beziehung zu Immanuel Kant hatte die Gedanken der Aufklärung früh in die jüdische Gemeinde getragen.[44] Die Gruppe jüdischer Kant-Schüler verehrte gleichzeitig Moses Mendelsohn.[45] Isaak Euchel, Schüler Kants, setzte sich ab 1784 zusammen mit Mendel Bresselau in einer ersten überregionalen Zeitschrift in hebräischer Sprache mit deutschsprachigen Beilagen immer wieder kritisch mit dem traditionellen Judentum und den starren Strukturen in der jüdischen Gemeinde Königsbergs auseinander.[46] Euchel übersetzte u.a. hebräische Gebete für den Gebrauch außerhalb des Gottesdienstes ins Hochdeutsche. Weitere bekannte Aufklärer waren der bereits erwähnte David Friedländer und Marcus Herz, dessen Frau Henriette später in Berlin einen der berühmten jüdischen Salons leitete. Im Verlauf der französischen Revolution forderten die aufgeklärten Königsberger Kreise u.a. die Einführung einer Orgel, Chorgesang, ins Deutsche übersetzte Gebete sowie eine neu definierte Stellung der Rabbiner. Die strenggläubigen jüdischen Bruderschaften reagierten jedoch mit sozialer Ausgrenzung ihrer aufgeklärten Glaubensgenossen und verweigerten ihnen sogar Hilfe bei der Bestattung.

Mit dem Weggang aufgeklärter Juden wie Marcus Herz, David Friedländer und Issak Euchel aus Königsberg gewannen die orthodoxen Kräfte wieder mehr Macht. Versuche zur Reformierung des jüdischen Kultus führten zu heftigen Konflikten mit der orthodoxen Gruppe.[47] Innerhalb der Königsberger Gemeinde bestand eine polnische Gemeinde von Einwanderern, die den aufkommenden Chassidismus als Alternative zum Reformjudentum verstand und sowohl von diesen als auch den preußischen Behörden als rückständig und den Emanzipationsprozess gefährdend angesehen wurden. So ent-

---

[44] Andrea Ajzensztejn, Die jüdische Gemeinschaft in Königsberg. Von der Niederlassung bis zur rechtlichen Gleichstellung, Hamburg 2004, S. 85f.
[45] Schüler-Springorum (wie Anm. 6), S. 28.
[46] Hierzu siehe Ajzensztejn (wie Anm. 44), S. 94f.
[47] Schüler-Springorum (wie Anm. 6), S. 33.

Haskala

stand innerhalb der Königsberger jüdischen Gemeinde eine Diskrepanz zwischen aufgeklärtem und anpassungswilligem West- und traditionsbewusstem Ostjudentum, die ihre Ursache auch in den tiefgreifenden demographischen und sozialen Veränderungen in der Struktur der Königsberger jüdischen Gemeinde hatte. Die Königsberger Orthodoxie war mit einem Viertel bis zum einem Drittel deutlich stärker als im übrigen Deutschland, wo ihr Anteil zwischen 10% und 20% betrug; allerdings war ihr Einfluss durch die Spaltung in deutsche und osteuropäische Orthodoxie geschwächt.[48]

Die Reformergruppe gewann erst mit der beginnenden Industrialisierung in der ersten Hälfte des 19. Jahrhunderts und der damit einhergehenden Modernisierung der Gesellschaft mehr Einfluss innerhalb der jüdischen Gemeinschaft. Mit der zunehmenden Zahl von jüdischen Akademikern wurde die Autorität der talmudischen Rabbiner immer mehr in Frage gestellt. Das führte mehr und mehr zum Konflikt zwischen orthodoxen und reformorientierten, insbesondere jüngeren deutsch-preußischen Juden, die als die „modernen Juden" galten. Anfang des 19. Jahrhunderts mischten sich auch die preußischen Behörden mehr in das innerjüdische Gemeindeleben ein und verlangten mit dem Emanzipationsgesetz von 1812 eine Neugestaltung des Unterrichtswesens, die Einführung der deutschen Predigt und andere Modernisierungen. 1820 wurde auf Druck der Behörden nach mehrjähriger Vakanz der reformorientierte Rabbiner Dr. Isaac Assur Francolm aus Breslau nach Königsberg berufen. Nachdem er u.a. weder die deutsche Predigt noch eine Orgel im Gottesdienst durchsetzen konnte, verließ er Königsberg bereits 1826 wieder. Das zweite Drittel des 19. Jahrhunderts ist von weitgehender Koexistenz beider Richtungen und vorsichtigen Reformansätzen geprägt, wie u.a. einer neuen Synagogenordnung. Dieses Nebeneinander zwischen Reformern und Orthodoxen geriet im Kaiserreich wieder aus dem Gleichgewicht. Verschiedene Strömungen der Orthodoxen, meist aus Polen und Litauen, institutionalisierten sich. Juden aus Russland bzw. Litauen beteten nach eigenem Ritus in Privaträumen. 1855 war eine Synagoge, die sogenannte „Polnische Schul", errichtet worden, die gleichzeitig als Lehrhaus fungierte. Davon spaltete sich 1867 eine

---

[48] Ebd., S. 136.

Gruppierung ab, die als „Sabolowitz-Schul" den Namen der Stifterin trug. Die dritte ostjüdische Gemeinde bildeten die Chassidim als Vertreter der intellektuellen Chabad-Richtung. Zu den ersten vorsichtigen Änderungen in den 1880er Jahren zählten deutsche Lieder. Mit dem Beschluss zum Bau einer neuen Synagoge 1893 entbrannte der Streit zwischen der Gemeindeleitung und den orthodoxen Strömungen neu, die das alte Synagogengebäude für sich nutzen wollten. Sie organisierten sich daraufhin als „Adass Israel" ohne aus der Gesamtgemeinde auszutreten. Die deutschen Orthodoxen begannen mit dem Bau einer Synagoge sowie dem Ausbau einer eigenen Gemeindestruktur und bestellten einen eigenen Rabbiner. Die Trennung zwischen Orthodoxie und reformorientierten Gemeindemitgliedern ermöglichte die Einführung von Reformen.

Die Reformansätze führten in Königsberg nicht zum erwünschten Ziel. Modernisierungen wie die Einführung einer Orgel bewirkten keinen größeren Zulauf zu den Gottesdiensten; die Herauslösung aus dem soziokulturellem Umfeld des Judentums lockerte die Anbindung an die jüdische Gemeinde, die wegen des Zuzugs aus den osteuropäischen Grenzstaaten immer weniger eine religiöse als eine ethnische war.[49] Der Anteil der russisch-jüdischen Kolonie, Litwaken aus Litauen und Flüchtlingen aus Litauen, die sich mehrheitlich den vertrauten religiösen, d.h. orthodoxen Gemeinschaften anschlossen, betrug in der Königsberger Gemeinde in den 1880er Jahren ca. 40%, nach den Ausweisungen aus Preußen 1885/86 immerhin noch 25%. Sie zusammen bildeten innerhalb der jüdischen Gemeinde eine recht durchsetzungsfähige Gruppierung.[50] Die nationaljüdische Idee des Zionismus hatte in Königsberg insbesondere Anhänger russischer und litauischer Herkunft.[51] Sie hielten wegen der ständigen Ausweisungsbedrohung Kontakt in ihre Heimat. Tatsächlich handelte es sich bei der Königsberger jüdischen Gemeinde, wie Stefanie Schüler-Springorum gezeigt hat, eher um eine orthodoxe Festung als eine Hochburg der Haskala.[52]

---

[49] Ebd., S. 138.
[50] Ebd., S. 171.
[51] Ebd., S. 145.
[52] Ebd., S. 189.

Haskala

Warschau

Das Warschauer Reformmilieu war zu Beginn des 19. Jahrhunderts, gemessen an der Zahl der Juden, stark geprägt durch die Immigration aus Berlin und den preußischen Provinzen Posen und Schlesien. Die Maskilim strebten hier besonders stark danach, sich der polnischen Mehrheitsgesellschaft anzugleichen. Unter ihnen befanden sich reiche Kaufmannsfamilien, die versuchten Einfluss auf die innere Organisation der jüdischen Gemeinde zu nehmen.[53] In der größten Reformgemeinde der Hauptstadt wurde der Gottesdienst auf Deutsch abgehalten. In Warschau führte man in einigen Synagogen die polnische Predigt ein, und auf dem jüdischen Friedhof begann man damit, auf den Grabsteinen polnische Inschriften anzubringen.[54] Hier traten seit den 1840er Jahren verstärkt Juden in die „Warschauer Wohltätige Gesellschaft" ein.[55]

Die Maskilim versuchten mit Hilfe des Staates Reformen in den jüdischen Gemeinden durchzusetzen. 1822 wurden im Königreich Polen durch Dekret die Kahale, die Gemeindeselbstverwaltungen, aufgelöst und durch sogenannte Gebetshausvorstände ersetzt, die nur noch für Kultus- und Wohlfahrtsangelegenheiten zuständig waren. Damit sollten in erster Linie die orthodoxen Rabbiner entmachtet werden. Das 1825 aus polnischen Beamten und jüdischen Delegierten bestehende „Komitee der Alttestamentlichen in Warschau" gründete 1826 ein Rabbinerseminar, das ausschließlich von Maskilim besucht wurde, wo u.a. Abraham Bucher als Vertreter der Haskala lehrte. Einer der Führer der Warschauer Haskala war Antoni Eisenbaum (1791-1852), Direktor der Warschauer Rabbinerschule. Er verfasste als Absolvent eines Warschauer Gymnasiums projüdische Schriften, die in polnischen Zeitschriften erschienen, und gründete eine Wochenschrift, die von 1823-25 auf Jiddisch und Polnisch verlegt wurde, jedoch mangels Abonnenten eingestellt werden musste.[56]

---

[53] Guesnet (wie Anm. 5), S. 281f.
[54] Josef Meisl, Die Juden im Zartum Polen. Ein geschichtlicher Überblick, Bonn 1916, S. 63.
[55] Hierzu Guesnet (wie Anm. 5), S. 421f.
[56] Jerzy Tomaszewski, Polnische Juden. Geschichte und Kultur, Warschau 1982, S. 83.

Die Wirkungen der Bildungseinrichtungen und Träger sozialer Wohltätigkeit, die haskalischen Regeln unterworfen waren, sowie ihrer Publikationsorgane, blieben allerdings auch in der Hauptstadt beschränkt. Das Warschauer Rabbinerseminar war faktisch mehr Ersatzgymnasium denn tatsächliche Ausbildungsstätte für Rabbiner, weil zum einen die einheimischen Gemeinden an deren reformerischen Absolventen kein Interesse hatten und mehr noch deren Absolventen kaum Bereitschaft zeigten, das Rabbineramt anzunehmen.[57] Die meisten Schüler strebten nämlich den Lehrerberuf oder eine Tätigkeit im Handel an.[58]

Anfang der 1830er Jahre, während des Novemberaufstandes, erschien in nur wenigen Exemplaren die Zeitschrift „Izraelita Polski" mit assimilatorisch-patriotischer Tendenz.[59] Immer wieder, so auch Anfang der 1860er Jahre im Rahmen der polnischen Unabhängigkeitsbewegung, erschienen intellektuelle Zeitschriften, meist auf Hebräisch, die allerdings nur selten längeren Bestand hatten. Die Reformabsichten, wie eine radikale Bildungsreform, Abschaffung der Kahale (Jüdischen Gemeindeordnungen) bzw. deren Eingliederung in die Zivilordnung, stießen in den jüdischen Gemeinden auf wenig positive Resonanz. Die Mehrheit aus Orthodoxen und Chassidim standen ihnen eher reserviert gegenüber.

Ausblick und Resümee

Nach der Ermordung Alexander II. 1881 und den darauffolgenden antisemitischen Pogromen in Russland scheiterte die jüdische Aufklärung im Osten als eigenständige Bewegung endgültig. Die Haskala beeinflusste in der Folge jedoch verschiedene Entwicklungen des osteuropäischen Judentums, die sich im gemeinsamen Bewusstsein einer ostjüdischen Nationalität vereinten: nationalistische, zionistische, liberale und sozialistische Gruppierungen.

Leon Pinsker, Arzt in Odessa und einer der bekanntesten Vertreter der jüdischen Aufklärung, der im engen Kontakt mit dem Me-

---

[57] Guesnet (wie Anm. 5), S. 290f.
[58] Ebd., S. 292f.
[59] Tomaszewski (wie Anm. 56), S. 84.

Haskala

meler Rabbiner Isaac Rülf stand,[60] rief das osteuropäische Judentum 1882 zur „Autoemanzipation" auf, zur Besinnung auf eine nationaljüdische Existenz.[61] Er forderte die Juden dazu auf, statt des vergeblichen Versuchs, sich an nichtjüdische kulturelle Muster zu „amalgamieren", sich selbst zu emanzipieren und über eine moderne politische Organisation der Juden einen jüdischen Nationalstaat zu gründen.[62] Auch Rülf griff die Ideen Pinskers auf und empfahl in seiner Schrift „Aruch Bas-Ami. Israels Heilung" die „Wiederherstellung des jüdischen Staates [...] in der ursprünglichen Heimat, dem Land der Väter".[63]

Die Forderung der Aufklärer, unter ihnen Isaak Bär Levinsohn (1788-1860),[64] dem auch „Mendelsohn der russischen Juden"[65] genannten Maskil, nach vollständiger Assimilation in die Mehrheitsgesellschaft des Gastgeberlandes und in dessen Bildungswesen ging an den tatsächlichen Lebensverhältnissen der Mehrheit der jüdischen Bevölkerung in den nordöstlichen russischen Grenzgebieten schlicht vorbei. Staatliche Repressionen und wirtschaftliche Einschränkungen hatten unter der jüdischen Bevölkerung Armut und beengte Lebens-

---

[60] Hierzu Julius H. Schoeps, Briefe Leon Pinskers an Isaak Rülf, in: Zeitschrift für Religions- und Geistesgeschichte 34, 3/1982, S. 220-241.
[61] Leon Pinsker, Autoemancipation!, Mahnruf an seine Stammesgenossen von einem russischen Juden, Odessa 1882; hierzu Julius H. Schoeps, Leon Pinsker: „Autoemancipation!" - Ein Mahnruf von 1882, in: Beter und Rebellen. Aus 1000 Jahren Judentum in Polen, hrsg. v. Michael Brocke, Frankfurt/M. 1983, S. 223-235.
[62] Siehe hierzu Julius H. Schoeps, Zionismus oder der Kampf um die nationale Wiedergeburt, in: Zionismus. Texte zu seiner Entwicklung, hrsg. v. dems., Wiesbaden ²1983.
[63] Zitiert nach Julius H. Schoeps, Zionismus oder der Kampf um die nationale Wiedergeburt, in: www.zionismus.info/zionismus/schoeps-1.htm (zuletzt eingesehen 28.01.2010).
[64] Zum Wirken Lewinsohns siehe Stefan Schreiner, Aufklärung als Re-Hebräisierung. Anmerkungen zu Isaak Ber Lewinsohns Haskala-Programm, in: Studia Judaica 5/2002,1(9) S. 69-83.
[65] Vgl. Inge Blank, Haskalah und Emanzipation. Die russisch-jüdische Intelligenz und die „Jüdische Frage" am Vorabend der Epoche der „Großen Reformen", in: Juden in Ostmitteleuropa. Von der Emanzipation bis zum Ersten Weltkrieg, hrsg. v. Gotthold Rhode, Marburg 1989, S. 197-231, hier S. 213.

verhältnisse zur Folge,⁶⁶ die eher zur Flucht in religiös-mystische Richtungen veranlassten als zu einer rationalen Auseinandersetzung mit aufklärerischen Ideen, mit Emanzipation und Integration, die auch schlicht durch Sprachprobleme verhindert wurden.⁶⁷ Dies änderte sich zwar ansatzweise im letzten Drittel des 19. Jahrhunderts, als sich infolge der langen Auseinandersetzung zwischen der Haskala und dem Chassidismus ein neues national- bzw. ostjüdisches Bewusstsein in verschiedenen Richtungen, insbesondere der Zionismus und die Arbeiterbewegung, entwickelten. Nicht von ungefähr wurde 1897 in Wilna der Allgemeine Jüdische Arbeiterbund in Russland und Polen gegründet, der als „Bund" in die Geschichte eingegangen ist.⁶⁸ Die Ideen der Haskala aber blieben der Lebenswelt der Mehrheit der Ostjuden letztlich weitgehend fremd.⁶⁹

Ein methodischer Ansatz, der sich mehr mit der Alltagsgeschichte jüdischer Gemeinden in der ostpreußisch-polnisch-russisch-litauischen Grenzregion auseinandersetzt, könnte möglicherweise ein genaueres Bild von der Durchsetzungskraft der osteuropäischen Haskala während des 19. Jahrhunderts vermitteln. Mit der Orientierung an den vorgestellten methodischen Kriterien lassen sich offenbar zuverlässigere Aussagen über die innergemeindliche Wirkung reformerischer Ansätze auch in der nordosteuropäischen Grenzregion machen.

---

⁶⁶ Die sogenannte „Pahlen-Kommission", die der zaristischen Regierung einen Überblick über die verschiedene Minderheiten liefern sollte, stellte 1887 fest, dass über 90% der jüdischen Bevölkerung im russischen Ansiedlungsrayon in wirtschaftlich unsicherer Existenz lebte, vgl. Schramm (wie Anm. 3), S. 130.
⁶⁷ Johann Maier, Das Judentum. Von der biblischen Zeit bis zur Moderne, München ³1988, S. 706f.
⁶⁸ Zur jüdischen Arbeiterbewegung in Osteuropa siehe Ezra Mendelsohn, Die jüdische Arbeiterbewegung in Osteuropa, in: Beter und Rebellen (wie Anm. 61), S. 205-222.
⁶⁹ Guesnet (wie Anm. 5), S. 283.

Ewelina Sokołowska

GESELLSCHAFTLICHE UND KATHOLISCHE ORGANISATIONEN IM
ERMLAND IN DEN JAHREN 1848-1914 UNTER BESONDERER
BERÜCKSICHTIGUNG DES ERMLÄNDISCHEN BAUERNVEREINS

Beim folgenden Text handelt es sich um einen Forschungsbericht, der im Rahmen meiner derzeit laufenden Dissertation entstanden ist. Die Arbeit wird gestützt auf deutsche und polnische Presseartikel und Informationsberichte, die in dem Pastoralblatt für Diözese Ermland, in den *Ermländischen Volksblättern* und der *Ermländischen Zeitung* sowie der *Gazeta Olsztyńska* veröffentlicht wurden, erstellt werden. Des Weiteren werden auch die im Archiv für die Diözese Ermland in Olsztyn (Allenstein) sowie in dem Geheimen Staatsarchiv Preußischer Kulturbesitz in Berlin gefundenen Quellen verwendet.
 Empirisches Material für das Gebiet des Ermlands in den Grenzen aus der zweiten Hälfte des 19. und der ersten Hälfte des 20. Jahrhunderts wird systematisch zusammengeführt. Das damalige Gebiet umfasste die vier Landkreise Braunsberg, Heilsberg, Rößel und Allenstein. Um die damals existierenden Verbände, Vereine, Bruderschaften etc. zu systematisieren, werden sie in die vier folgenden Gruppen eingeordnet: 1. Die katholisch-karitative Bewegung, 2. Die katholische Religionsbewegung, 3. Die katholischen Missionsvereine, 4. Die katholische Sozialbewegung.

 Die Entwicklung der katholisch-karitativen Bewegung war die Reaktion der katholischen Kirche auf die gesellschaftlichen Umwandlungen nach der Französischen Revolution. Neue Orden übernahmen karitative Aufgaben, indem sie sich auf die Hilfeleistung für Arme und Kranke konzentrierten (z.B. Graue Schwestern von der hl. Elisabeth, Barmherzige Schwestern vom hl. Karl Borromäus, Barmherzige Schwestern vom hl. Vinzenz von Paul). Die bekannteste karitative Organisation ist der 1906 ins Leben gerufene Caritasverband, der bis heute tätig ist.

Ewelina Sokołowska

In die Gruppe der katholischen Religionsbewegung wurden außer strikt religiösen Bruderschaften, auch Gemeinschaften wie Mäßigkeitsbruderschaften, Begräbnisgilden, der St.-Anna-Verein oder der Cäcilienverein, der das liturgische Singen in der katholischen Kirche pflegte, mit einbezogen.

Eine andere Tätigkeitsform der katholischen Kirche war die Gründung von bedeutenden Missionsvereinen, wie z.B. der Vinzenz-, Bonifatius- oder Franziskus-Xaverius-Vereine u.a. Manche von ihnen wurden zum Zwecke der geistigen Unterstützung der in der Diaspora lebenden Katholiken gegründet, die andern kämpften gegen die Armut.

Die Bewegung der laizistischen Katholiken umfasste eine breite Palette von Initiativen, deren Ziel es war, entsprechende Bevölkerungskreise sowie die ganze katholische Gemeinschaft zu beleben. Ihr Grundpfeiler war die Arbeiterbewegung. Der Begriff bezieht sich sowohl auf die theoretische Lösung der sog. Arbeiterfrage als auch auf die Entwicklung von Arbeiterorganisationen. Zu dieser Gruppe gehörten z.B. die Piusvereine oder der Volksverein für das katholische Deutschland. Die einzelnen beruflichen Milieus wurden durch entsprechende Standesvereine beeinflusst. So gab es alsbald auch eine ganze Reihe von Frauenorganisationen, z.B. den Katholischen Frauenbund oder den Verein Katholischer Deutscher Lehrerinnen. Eine weitere Untergruppe bildeten z.B. der Katholische Lehrer-Verband, die Görres-Gesellschaft oder der Augustinusverein, der zum Zwecke der Förderung der katholischen Presse gegründet wurde.

Außer den o. g. Vereinen gab es auch eine ganze Reihe von anderen Organisationen und Bruderschaften, die keine Beziehungen zur katholischen Kirche hatten, aber dennoch einen großen Einfluss auf die ermländische Bevölkerung ausübten. Dabei handelte es sich z.B. um Schützen-, Verschönerungs- oder Sportsvereine.

In Ermland gab es zudem viele Bauernorganisationen, die eher einen interkonfessionellen Charakter hatten, z.B. Bauernvereine, deren Ziel es war, den neuesten Stand der Wissenschaft unter den Landwirten zu verbreiten. Diese Organisation bespreche ich gleich etwas näher. Insgesamt gab es im 19. und 20. Jahrhundert im Ermland über 70 Arten von verschiedenen kirchlichen und gesellschaftli-

Ermland 1848-1914

chen Organisationen. Fast in jedem ermländischen Ort kann man Tätigkeitsspuren einer Organisation finden.

Forschungsstand

Archivmaterialien zu diesem Thema sind vor allem im Archiv für die Diözese Ermland in Olsztyn sowie im Geheimen Staatsarchiv Preußischer Kulturbesitz in Berlin zu finden.

Das Archiv für die Diözese Ermland in Olsztyn (Allenstein) verfügt über eine große Dokumentensammlung zu Vereinen und Organisationen. Dort wurde unter anderem die Korrespondenz zwischen dem Königsberger Arbeiterverein und seiner Zentrale in Berlin in den Jahren 1910-1920 durchgesehen. Im Archiv befinden sich auch Generalvisitationsdokumente der ermländischen Kirchspiele aus den Jahren 1839–1861, die die Religiosität der damaligen Bevölkerung widerspiegeln. Dort gibt es detaillierte Informationen über Brüderschaften und Vereine, die in den Kirchspielen gegründet wurden. Es handelte sich um eine Art Fragebögen, in denen ein Kirchspielpfarrer nach dem Charakter eines Vereins, seinen Gründungszweck, Mitgliederzahl, danach, welche Beiträge die Mitglieder, bei ihrer Aufnahme und sonst in Geld oder Naturalien entrichten, gefragt wurde. Ich möchte betonen, dass in den Fragebögen immer wieder eine Frage nach dem Bestehen von Mäßigkeitsbruderschaften, dem Xaverius-Missionsverein und dem St. Adalbertus-Verein sowie der Finanzierung der beiden letzteren durch das Kirchspiel auftauchte.

Den meisten Protokolle sind zwei zusätzliche Formulare beigefügt, die mit den Buchstaben „E" und „F" gekennzeichnet sind. Das Formular „E" beinhaltet eine Auflistung von Bruderschaften, Zünften und anderen kirchlichen Vereinen, die sich in dem jeweiligen Kirchspiel befanden. Es enthält genaue Fragen bezüglich des Namens einer Brüderschaft, einer Zunft oder eines Vereins, anschließend gab es Fragen nach deren Statuten, der kirchlichen Approbation oder Abmission, Mitgliederaufnahme, Mitgliedsbeiträge (in Naturalien oder in Geld) sowie deren Zweck. Weitere Fragen lauteten: Welche besonderen Andachten haben die kirchlichen Vereine und welche Ablässe sind ihnen verliehen? Besitzen die Vereine ein eigenes, für kirchliche Vereinszwecke bestimmtes Vermögen? Wozu werden die Einkünfte von diesem Vermögen verwendet? Wer besorgt die Vermögensverwaltung und wem wird darüber Rechenschaft abgelegt? Wo werden die Stiftungsbriefe oder Urkunden der Vereine aufbewahrt? Das Formular „F" ist im Vergleich mit dem Formular „E" nicht so detailliert. Es fehlen hier Fragen nach dem Vereinsvermögen oder den Stiftungsbriefen. Es gibt hier aber eine Frage nach den Gegenleistungen der Kirche gegenüber den Vereinen, Bruderschaften, Zünften, etc.[1]

Im Geheimen Staatsarchiv Preußischer Kulturbesitz in Berlin habe ich Quellenmaterial über den Frauenverein in Allenstein gefunden. Es gibt dort Informationen über die Gründung und den Tätigkeitsbereich des Vereins sowie ein handgeschriebenes Statut des Zweigvereins der deutschen Frauen zu Allenstein in Ostpreußen. Die Satzung wurde am 27.6.1901 von der Stadtpolizeiverwaltung genehmigt. In der Satzung sind unter anderem folgende Zwecke genannt: Krankenpflege, Hilfe bei der Kindererziehung, Organisation von Sommererholungen für kranke Kinder. Die Satzung bestimmte auch die Mitgliederaufnahme, Beiträge, Vorstandswahlen. Die in Berlin aufbewahrten Materialien ermöglichen uns, die Tätigkeiten des Vereins zu verfolgen: seine Entwicklung, die Finanzmängel, die Kultur- und Bildungsarbeit.[2]

Im Archiv sind auch Informationen über testamentarische Vermächtnisse zugunsten des Adalbertus- und des Borromäusvereins zu finden.[3] Außerdem gibt es im Archiv Gesellenbriefe, Prüfungsordnungen für Tischler und Holzbildhauerhandwerker im Bezirk der Handwerkskammer zu Königsberg,[4] sowie Urkunden über die Verleihung einer Fahne für Schützenvereine.[5]

---

[1] Archiwum Archidiecezji Warmińskiej w Olsztynie (im folgenden AAWO), AB, B 102 Akta wizytacji generalnej Olsztyna 1858 r.
[2] Geheimes Staatsarchiv Preußischer Kulturbesitz (im folgenden GSTA), I HA Rep. 195 A, Nr. I 1, Heft 1 Deutscher Frauenverein für Ostmarken, K. 178-181.
[3] GSTA, I HA Rep. 76 Kultusministerium, IV, Sekt. 2 Abt. XIX Nr. 10 Bd. 1 (Schenkungen und Vermächtnisse zu Gunsten des bischöflichen Stuhls).
[4] GSTA, XX HA Rep. 150, Heilsberg, Tischler, Nr. 109 K. 63–70.
[5] GSTA, I HA Rep. 89 Nr. 15505 K.37.

Ermland 1848-1914

Presse

Seit den 1890er Jahren entstand in Deutschland ein Netz der mit der katholischen Zentrumspartei verbundenen Zeitungen. Eine ähnliche Situation gab es im Ermland. Bis 1871 gab es hier keine katholischen Zeitschriften, denn die Kreisblätter beherrschten den Markt. Das katholische Milieu wurde erst an der Wende der 60er und 70er Jahre des 19. Jahrhunderts aktiv. Der Priester Franz Hipler begann damit, das für Geistliche bestimmte *Pastoralblatt für die Diözese Ermland* in der Auflage von ca. 500 Exemplaren herauszugeben. Zu den am meisten gelesenen gehörten die 1872 in Frauenburg auf Anregung des Domkapitels gegründeten *Ermländischen Volksblätter*, die lediglich drei Jahre später in *Ermländische Zeitung* umbenannt wurden.[6] Diese Zeitungen erschienen nur in deutscher Sprache. Zeitungen auf Polnisch wurden erst seit 1886 herausgegeben. In jenem Jahre gründeten Jan Liszewski, Andrzej Samulowski und Franciszek Szczepański die *Gazeta Olsztyńska*.[7] Die erwähnten Titel waren rege an den gesellschaftlichen, kulturellen und politischen Ereignissen im Ermland interessiert. Deswegen sind sie eine reiche Informationsquelle über die gesellschaftlichen Organisationen und Vereine.

Der Ermländische Bauernverein

Der Völkerfrühling war ein Wendepunkt in der Geschichte der europäischen Gesellschaft. In der Politik erschienen zum ersten Mal die Arbeiter, die für eine sozialistische Republik sowie gesellschaftliche Gerechtigkeit kämpften. Das Kleinbürgertum gewann an Bedeutung. Die Leibeigenschaft wurde – außer in Russland – aufgehoben. In vielen Ländern Europas kam es zu einem politischen Wandel von einer Monarchie zu einer Republik, deren Bürger mehr Rechte erhielten. Dieser Wandel ist in allen nach dieser Zeit gegründeten Ver-

---

[6] Robert Traba, Niemcy-Warmiacy-Polacy 1871–1914 [Deutsche – Ermländer – Polen 1871-1914], Olsztyn 1994, S.144.
[7] Janusz Jasiński, Świadomość narodowa na Warmii w XIX i XX wieku [Das nationale Bewusstsein in Ermland im 19. und 20. Jahrhundert], Olsztyn 1983, S. 299-300.

einen nachzuvollziehen. Nun wurden außer Angehörigen des Adels oder des Großbürgertums auch Beamte, Kleinhändler, Arbeiter sowie Freiberufler Mitglieder von Bruderschaften und Vereinen. Auch Bauern gründeten ihre eigenen Verbände, was deren politischen und gesellschaftlichen Bedürfnisse widerspiegelte. Die Bauernvereine waren mit der katholischen Sozialbewegung eng verbunden.

Der westfälische Adlige Burghard Freiherr von Schorlemer-Alst nahm wahr, dass der kleine und mittlere Bauer einer Vertretung und Hilfe bedurfte, weil die vorhandenen, meist von Staatsstellen getragenen ländlichen Vereine nicht im Stande waren, die Interessen der Bauern richtig zu vertreten.[8] Deswegen gründete er 1862 in der Gemeinde Wettringen, Kreis Steinfurt, samt den westfälischen Bauern einen Verein, um die Lage der Mitglieder in fünf Lebensbereichen zu verbessern, nämlich in materieller, religiöser, sittlicher, intellektueller und sozialer Hinsicht.[9] Schorlemer-Alst war es wichtig, Angehörige beider christlichen Konfessionen in einer neuen Standesorganisation zusammenzuschließen.[10] Die damalige preußische Regierung beobachtete die Handlungen von Schorlemer-Alst mit Misstrauen. Dem LThK entnehmen wir, dass die Bauernvereine „politisch verdächtig"[11] erschienen. Aber der immer weitere Kreise ziehende Kulturkampf begünstigte nur die Entwicklung des Bauernvereins.

Die Tätigkeit von Burghard Freiherr von Schorlemer-Alst fand auch einen starken Widerhall im Ermland. Die dortige Bevölkerung war stark an dem westfälischen Bauernverein interessiert. Der erste Schritt zur Gründung eines Bauernvereins im Ermland wurde schon 1879 unternommen. In diesem Jahre wurde in der *Ermländischen Zeitung* eine Anzeige über die Konstituierung eines Bauernvereins im Ermland gedruckt.[12] Einige Tage später wurde ein ausführlicher Bericht aus der Versammlung gegeben. Dieser hatte die ungewöhnli-

---

[8] Lexikon für Theologie und Kirche (LThK), Freiburg 1957, S.59.
[9] Ebd., S. 60.
[10] Ebd.
[11] Ebd.
[12] Ermländische Zeitung (im folgenden EZ) Nr. 37 v. 27.03.1879. In der Anzeige wurden Treffpunkt und -zeit angegeben, nämlich am 1. April in Wormditt, im Saal von Herrn Buchholz.

che Form eines Briefes an den *Lieben Georg*.[13] Die Versammlung fand am 1. April statt. Vor Ort fanden sich ca. 200 Bauern ein. Die Verhandlungen führte Herr Karkowski aus Allenstein.[14] Solche Versammlungen zwecks Gründung eines Bauernvereins im Ermland dürften schon früher organisiert worden sein. Zwar fehlt es an Berichten in der EZ über deren Verlauf, aber derselben Ausgabe der EZ entnehmen wir, dass „Herr Karkowski, bereits in den beiden früheren Vorversammlungen, in Allenstein und Bansen, den Vorsitz nahm".[15]

In seiner Rede argumentierte er, wie wichtig es sei, eine Interessenvertretung durch den Stand der Landwirte und Bauern zu haben. Er wies auch auf die guten Erfolge hin, die der westfälische BV erzielt habe. Schließlich verlas er die Satzung des westfälischen Bauernvereins, erläuterte sie und schlug vor, das Statut an die ermländischen Bedürfnisse anzupassen.[16] Aus dem Bericht des Verfassers entnehmen wir, dass der Gedankenaustausch sehr lebendig und lehrreich gewesen sei.[17] Man stellte fest, dass der Sitz des Bauernvereins auf der Generalversammlung bestimmt werden würde, d.h. in zwei Monaten.[18] Fast unverändert wurden dann der zweite und der dritte Paragraph der Satzung angenommen, die vom Zweck und den Mitteln des Vereins handelten. Der Autor des Artikels führte sie im unveränderten Wortlaut an[19].

---

[13] EZ Nr. 42 v. 08.04.1879.
[14] Ebd. – Die Versammlung dauerte dreieinhalb Stunden, von 13:30 bis 17:00 Uhr.
[15] Ebd.
[16] Ebd.
[17] Ebd.
[18] Ebd.
[19] Ebd.: § 2 Zweck des Vereins: Der Verein will die bäuerlichen Grundbesitzer zu einer Genossenschaft verbinden und in dieser a) seine Mitglieder in sittlicher, interkultureller und materieller Hinsicht heben, b) sie zu einem kräftigen Bauernstand vereinigen, welcher sich bestrebt: c) den bäuerlichen Grundbesitz zu erhalten.
§ 3 Mittel, diese Zwecke zu erreichen.
a) Besprechungen, Beschlüsse der Mitglieder in Versammlungen, zu Wahrnehmung ihrer Interessen, zur Abwendung der Schäden für den Grundbesitz, für die Beseitigung schädlicher Gewohnheiten, Missbräuche und des Luxus
b) Förderung der den Interessen des Bauernstandes entsprechenden Bildung und Kenntnisse.
c) Versöhnung sich widerstreitenden Interessen, Beilegung von Streitigkeiten und Prozessen durch gütige Ausgleichung

In Paragraph 4 wurden die Mitgliedschaftsbedingungen in der BV festgestellt. Man stellte auch einen Antrag, dass Personen, welche sich entweder selbst oder durch andere des Wuchers schuldig machen, auch besonders und ausdrücklich von der Mitgliedschaft ausgeschlossen werden. Die Anwesenden verpflichteten sich dazu, alle Fälle von Wucher, sofort in der *EZ* publik zu machen, damit die Leute gewarnt würden. Man verurteilte den Wucher als unmoralisch, obwohl er noch nicht gesetzlich strafbar war. Den Kampf gegen ihn nahm man als Verwirklichung eines der Prinzipien, die dem Verein als Vorbild dienten, d.h. die moralische Erneuerung. Deswegen beschloss man, eine Petition an den Reichstag wegen Beseitigung bzw. Bestrafung des Wuchers und Beschränkung der Wechselfreiheit zu senden.[20]

Außerdem wurden in der Versammlung drei Fragen besprochen: die Aufnahme von jungen Mitgliedern in den Verein, die erneuerte Vorstandswahl und die Stimmengleichheit.[21] Alle anderen Punkte des Statuts wurden unverändert angenommen.

Schließlich kam es zur Wahl der einstweiligen Komiteemitglieder und Vertrauensmänner für die Kreise Braunsberg und Heilsberg. Für den Kreis Braunsberg wurden 58 Personen gewählt, für Heilsberg 59. Der Verein sollte letztlich im Mai in Allenstein ins Leben gerufen werden. Daran sollten sich auch der Stifter und der Vorsitzende des westfälischen Bauernvereins, Freiherr von Schorlemer-

---

d) Gründung gemeinsamer wohltätiger Anstalten im Interesse des Grundbesitzers und der Landwirtschaft, insbesondere der Kreditinstitute und gemeinsamer Versicherungen. Zur Verhinderung der Verschuldung, Zersplitterung und des Verkaufs bäuerlicher Güter: Vorsorge für rechtzeitige Errichtung letztwilliger Verfügungen oder Verträge unter Lebenden, wodurch die bäuerlichen Güter ungeteilt, und soweit es die Landesgesetze ermöglichen, ohne zu schwere Belastung mit Abfindung auf ein Kind oder einen Verwandten übertragen werden

[20] Ebd.

[21] Ebd. – 1. Die Aufnahme in den Verein ohne Stimmrecht nur mit dem 20. Lebensjahr erfolgen kann. (§ 4 Nr. 20)
2. Bei der alle drei Jahre erfolgenden Erneuerung des Vorstandes die alten Mitglieder desselben wählbar sein sollen. (§ 5 Nr.1)
3. Bei der Stimmgleichheit in den Abstimmungen der Vorsitzende entscheidet (§ 6, g).

Alst, beteiligen. Man hatte vor, das Statut des Bauernvereins anzunehmen.[22]

In späteren Ausgaben der EZ von 1879 gibt es keine weiteren Informationen über den Besuch von Freiherr von Schorlemer-Alst in Allenstein sowie über die Gründung eines Bauernvereins. Wie die Quellen besagen, entstand der erste Bauernverein im Ermland 1884 auf Anregung des Lehrers Dr. Bernhard Lehmann.[23] Lehmann – ein junger Danziger Gymnasiallehrer, der während seines Studiums in Münster den Freiherrn von Schorlemer-Alst kennengelernt hatte, kam im Frühling 1884 nach Rößel, um eine Stelle an dem dortigen Gymnasium anzutreten.[24] Schon zuvor hatte er den Westpreußischen Bauernverein in Deutsch Krone gegründet.[25] Die finanzielle Situation der Bauern im Rößeler Kreis war schlimm. Deswegen traf Lehmann die Entscheidung, dort einen Bauernverein zu gründen. Um diesen Zweck zu erreichen, gewann er für seine Idee verschiedene Rößeler Intellektuellen: den Erzpriester Schwark, den Vikar Dr. Josef Kolberg (den späteren Braunsberger Professor) und den Religionslehrer Dr. Korioth. So wurde am 30. Dezember 1884 im alten Lehrerhaus der erste Bauernverein im Ermland gegründet, der dem Verein in Deutsch Krone unterstellt war.[26] Laut seiner Satzung war jedes Vereinsmitglied verpflichtet, Mitgliedsbeiträge je nach der Größe seines Bauernhofs zu entrichten.[27]

Die bedeutende industrielle Entwicklung des 19. Jahrhunderts hatte im agrarischen Bereich zur Folge, dass neue landwirtschaftliche Maschinen konstruiert worden. Die ermländischen Bauern setzten diese auf ihren Höfen jedoch nur selten ein. Dafür gab es mehrere

---

[22] Ebd.
[23] Ebd.
[24] Brigitte Poschmann, Das Ermland und seine Bauern, in: Ermländisches Landvolk baut an der Zukunft. Berichte, Dokumente und Zeugnisse einer bewegten Zeit, hrsg. v. Franz-Josef Hermann, Köln 1982, S.19.
[25] Ebd.
[26] Erwin Poschmann, Der Kreis Rößel. Ein Ostpreußisches Heimatbuch, hrsg. vom Heimatbund des Kreises Rößel, Kaltenkirchen/Holstein ³1991, S. 234-235.
[27] Langwalde. Kreis Braunsberg (Ostpreußen). Ein Kirchspiel im Ermland, hrsg. v. Gertrud Fehlau / Manfred Ruhnau, Münster 1996, S. 61.

Gründe: erstens galt der ermländische Bauer als sehr konservativ und wandte die technischen Neuigkeiten eher ungern an. Zweitens war Bargeld auf dem Lande in damaligen Zeiten rar. Die Bauern neigten dazu, Geld eher zu sparen als es zu investieren; Schulden zu machen, war verpönt. Aus einem Bericht über die damalige Gesellschaft ist zu entnehmen: „Der Bauer hält es für eine Schande, hypothekarische Schulden zu haben [...]"[28]. Dabei muss auch berücksichtigt werden, dass es im 19. Jahrhundert keine Finanzinstitute gab, die den Bauern einen Kredit zu günstigen Bedingungen eingeräumt hätten, damit diese entsprechende Investitionen in ihrem Bauernhöfen hätten tätigen können.

Drei Monate nach der Gründung des ersten BV wurde am 11. März 1885 in Rößel auch die erste Spar- und Darlehenskasse ins Leben gerufen.[29] Dabei handelte es sich um die zweite derartige Darlehenskasse in Ostpreußen. Kurze Zeit vorher hatte der Rittergutsbesitzer Knauff aus Kobulten, Kreis Ortelsburg, dort eine Raiffeisenkasse gegründet.[30] Diese Selbsthilfeorganisationen hatte ihr Begründer Friedrich Wilhelm Raiffeisen unter den Wahlspruch „Einer trage des andern Last" gestellt[31]. Die aufgenommenen Kredite ermöglichten es den Bauern, ihre Betriebe zu modernisieren. Dadurch erfreute sich der Bauernverein im Ermland eines immer besseren Rufs und gewann neue Mitglieder.

Am 22. April 1885 fand in Bischofstein eine Versammlung des Bauernvereins statt, zu dem ca. 300 Bauern erschienen. 100 von ichnen traten dem Westpreußischen Bauernverein bei. Den Vorsitz führte Herr Hope aus Wangst.[32] Wegen der großen Zahl der Ermländer im Bauernverein, wurde der Name in West- und Ostpreußischer Bauernverein geändert und der Sitz von Deutsch Krone in Westpreu-

---

[28] B. Poschmann, Das Ermland (wie Anm. 24), S.236.
[29] E. Poschmann, Der Kreis Rößel (wie Anm. 26), S. 236.
[30] Ludwig Hinz, Die Bedeutung des Ermländischen Bauernvereins und der landwirtschaftlichen Genossenschaften des Ermlandes, in: Ermländisches Landvolk (wie Anm. 24), S. 87.
[31] B. Poschmann, Das Ermland (wie Anm. 24), S.18.
[32] Ermländischer Bauernverein 1882–1907. Festschrift zur Jubelfeier in Heilsberg am 14. Oktober 1907, S. 10.

ßen nach Heilsberg verlegt. Die Generalversammlungen wurden abwechselnd in Ost- und Westpreußen abgehalten.[33]

1903 war die Organisation so groß, dass es notwendig wurde, eine Reorganisation durchzuführen. In der Generalversammlung zu Guttstadt am 1.12.1903 wurde eine neue Satzung angenommen, die eine Zergliederung des Vereins in einzelne Ortsverbände vorsah.[34] Insgesamt entstanden 60 Ortsverbände.[35] Nun wurde der Name des Vereins in „Ermländischer Bauernverein" geändert, was den wirklichen Sachverhalt widerspiegelte. In dem Verein gab es damals insgesamt 5.253 Mitglieder, davon kamen nur 29 aus Westpreußen. Der Sitz wurde von Heilsberg nunmehr nach Wormditt verlegt. Die Leitung des Ermländischen Bauernvereins besorgte der Vorstand, der aus dem Vorsitzenden, zwei Stellvertretern und zwanzig Beisitzern bestand. Über alle Vereinsangelegenheiten (die Quellen geben nicht an, welche), sowie sie nicht dem Vorstand oder der Generalversammlung überwiesen wurden, beschloss der Ausschuss, den die Vorsitzenden der Ortsverbände und der Gesamtvorstand des Vereins bildeten.[36] An dem Treffen beteiligte sich Dr. Georg Mattern, der spätere Erzpriester in Rößel, der eine Rede mit dem Titel „Was will der Ermländische Bauernverein?" hielt. Diese Rede wurde zu einem Wegweiser für die weitere Arbeit des Ermländischen Bauernvereins[37], wie wir aus der Festschrift zu 50 Jahren des EBVs in Wormditt entnehmen. Die Rede muss die Anwesenden sehr beeindruckt haben, denn sie wurde anschließend in Form von Flugblättern vervielfältigt, und Dr. Mattern wurde somit zum Reorganisator des EBV, indem er ihm eine neue Richtung für die nächsten 30 Jahre gab.[38]

Die Zahl dieser einen selbstständigen Verein bildenden Lokalgruppen blieb trotz einiger Verschiebungen bis 1911 erhalten. Jeder

---

[33] Ebd., S. 11.
[34] Ebd., S. 12.
[35] Erwin Engelbrecht, Die Agrarverfassung des Ermlandes und ihre historische Entwicklung, München; Leipzig 1913, S. 217.
[36] Ermländischer Bauernverein 1882-1907 (wie Anm. 32), S. 15.
[37] Fünfzig Jahre Ermländischer Bauernverein 1882-1932. Festschrift zur Jubelfeier in Wormditt am 26. und 27. Juni 1932, S. 63.
[38] Hinz, Die Bedeutung des Ermländischen (wie Anm. 30), S. 85.

Lokalverein umfasste ein Kirchspiel, manchmal wurden auch zwei Kirchspiele zu einem Verein verbunden.[39]

Im Ermland gab es ähnlich wie in ganz Deutschland viele andere Bauernorganisationen. Die ermländischen Bauern schlossen sich z.b. in den Landwirtschaftlichen Vereinen zusammen. Diese legten besonderen Wert vor allem auf die technischen Aspekte des Ackerbaus, wohingegen die von Schorlemer-Alst gegründete Organisation besonders dafür eintrat, dass die Bauerninteressen im Staat gewährleistet werden, sowie der Bauernstand sich einen Platz in der Gesellschaft erkämpfte. Ein Beispiel dafür sind Petitionen, die der Bauernverein 1884 und 1887 an den Reichstag sandte. Man verlangte vor allem eine progressive Kapitalrentensteuer, eine Einkommensteuer, landwirtschaftliche Schutzzölle, ein Invalidenversicherungs- sowie ein Einkommensteuergesetz.[40]

Seine Ziele erlangte der Ermländische Bauernverein einerseits durch die Zugehörigkeit zur großen Bauerngenossenschaft, andererseits durch seine Anhänger in Reichs- und Landtag. Der gesamte Ermländische Bauernverein gehörte wiederum der 1900 gegründeten Vereinigung der deutschen christlichen Bauernvereine an, die zu dieser Zeit insgesamt 400.000 Mitglieder zählte.[41]

Außerdem verwirklichte der Verein seine Zwecke durch belehrende Vorträge, die während der Versammlungen in jedem Ortsverein gehalten wurden. Die Themen behandelten Fragen der Tierkrankheiten, des Getreideanbaus oder der Tierzucht. Man unterhielt sich auch über die neuesten landwirtschaftlichen Maschinen und verbreitete unter den Bauern die Fachzeitschrift *Der Ermländische Bauer* (Auflage von 1910: 7.500 Exemplare), in der man die Bauern über die neuesten Fortschritte und Erfahrungen auf dem technischen und organisatorischen Gebiete der Landwirtschaft unterrichtete.[42]

Ein weiteres Aufgabengebiet des Ermländischen Bauernvereins war die sog. Antiunglückspropaganda. Die Bauern wurden aufgefor-

---

[39] Engelbrecht, Die Agrarverfassung (wie Anm. 35), S. 217.
[40] Ermländischer Bauernverein 1882–1907 (wie Anm. 32), S. 13
[41] Engelbrecht, Die Agrarverfassung (wie Anm. 35), S. 217.
[42] Ebd., S. 218.

dert, Versicherungen gegen Hagelschlag, Feuer und starke Regenfälle abzuschließen.[43] Die Genossenschaft wandte sich entschieden gegen die Parzellierung der Grundstücke. Einem Bauern, der sich dafür entschieden hatte, seinen Besitz aufzuteilen, drohte ein gesellschaftlicher und wirtschaftlicher Boykott durch den Ausschluss aus dem Verein und den diesem angegliederten Kreditorganisationen. Dem Käufer des parzellierten Grundstücks drohte dagegen die Verweigerung des Kredits und des Eintritts in den Verein.[44]

Parallel dazu erhielten die Bauernkinder eine Ausbildung. Zuerst lernten sie an den landwirtschaftlichen Winterschulen Westfalens (Freckenhorst und Frett), dann wurde 1887 eine Winterschule in Braunsberg gegründet, ein Jahr später in Allenstein und schließlich 1903 in Heilsberg. Bis 1913 gab es in Rößel keine derartige Schule.[45] Bauerntöchtern wurde auch eine Gelegenheit gegeben, sich zu bilden. 1890 entstand in Wormditt eine Haushaltungsschule, die bis 1911 950 Bauerntöchter besuchten. Den Mädchen brachte man Viehwirtschaft, Krankenpflege, Kochen, Waschen, Zimmerreinigen und Gartenarbeit bei. Es gab theoretische Fortbildung und praktischen Fachunterricht. Die Leitung lag in den Händen einer Schwester des Wormditter Katharinenhauses, einer Filiale des Braunsberger Mutterhauses. Die Tätigkeit der Schwestern war unentgeltlich. Die Aufnahme in die Schule erfolgte zweimal im Jahr: zu Ostern und im Herbst. Die Ausbildung dauerte ein Jahr. Von den Schülerinnen verlangte man ein Sittenzeugnis des zuständigen Pfarrers und ein- bis zweijährige praktische Tätigkeit im Elternhaus.[46]

Der Ermländische Bauernverein wirkte bis 1934 aktiv zugunsten des Bauernstandes. Als die NSDAP an die Macht gelangte, wurde die Organisation offiziell aufgelöst.[47] An der Spitze des Bauernvereins standen immer sehr gut ausgebildete Menschen, v.a. Lehrer und Priester wie z.B. Dr. Bernhard Lehmann, Stiftspropst Franz Schacht,

---

[43] E. Poschmann, Der Kreis Rößel (wie Anm. 26), S. 236.
[44] Engelbrecht, Die Agrarverfassung (wie Anm. 35), S. 220.
[45] Ebd.
[46] Ebd., S. 218.
[47] E. Poschmann, Der Kreis Rößel (wie Anm. 26), S. 236.

Ewelina Sokołowska

Dipl.-Ing. Aloys Neumann, Dr. August Rehaag, Dr. Ludwig Hinz, die zu der geistigen, sittlichen und religiösen Hebung seiner Mitglieder beitrugen und damit die Forderungen der Satzung verwirklichten. Die Organisation wurde 1945 wiederbelebt. Ihre Nachkriegsgeschichte spiegelte die neue Weltordnung wider, die nach dem Zweiten Weltkrieg in Europa folgte.

Jochen Enders

MYŚL NIEPODLEGŁA – ORGANISATIONSPLATTFORM UND IMPULSGEBER EINES KONFESSIONSFREIEN LEBENS IN DEN JAHREN 1906-1908

„Jesteśmy członkami kościoła katolickiego. Ale czy jesteśmy katolikami? Nie."[1] In der ersten Novemberausgabe des Jahres 1906 von *Myśl Niepodległa* (Der unabhängige Gedanke) stand dieser Satz zu Anfang des Leitartikels „Wolna Gmina" (die Freie Gemeinde) und war Ausdruck für das Denken einer unbestimmten Zahl von Polen. Der Essay über die Anfangsjahre der Zeitschrift *Myśl Niepodległa* soll aufzeigen, dass zwar die Zahl der Austrittswilligen aus der katholischen Kirche unbestimmbar scheint, denn ein Austrittsrecht aus der katholischen Kirche gab es zu diesem Zeitpunkt noch nicht, jedoch sich Spuren eines regen Interesses an kirchenfreien und religionsungebundenen Lebensentwürfen nachweisen lassen. Ausdruck dieses Interesses war auch der Versuch ein kirchenfreies Leben zu organisieren. Dem Periodikum *Myśl Niepodległa* gelang es schließlich, in den ersten Jahren seines Erscheinens zur Organisationsplattform und zum Impulsgeber für ein konfessionsfreies Leben zu werden. Ehe jedoch hierauf näher eingegangen wird, werden zunächst die Zeitschrift und ihr Herausgeber und leitender Redakteur Andrzej Niemojewski vorgestellt.

Myśl Niepodległa als Zeitschrift

Das Periodikum *Myśl Niepodległa* war eines der zahlreichen Zeitungsprojekte Kongresspolens, die erst die Revolution von 1905 möglich machte. Die von Streiks und Unruhen geschwächte russische Staatsmacht sah sich zu erheblichen Zugeständnissen an ihre Bürger genötigt. Die Regierung veranlasste daher, unter anderem, die Zensurbestimmung zu lockern. Am 7. November 1905 wurde die polnische Presse über das Einstellen der Vorzensur informiert. Es

---

[1] „Wir sind noch Mitglieder der katholischen Kirche. Aber sind wir noch Katholiken? Nein." Wolna Gmina, in: Myśl Niepodległa (1906), Nr. 7, S. 297-310, S. 297.

gründeten sich daraufhin zahlreiche neue Zeitschriften. Die Anzahl der Wochenzeitschriften beispielsweise verdreifachte sich von 1904 (39 Zeitschriften) auf 1906 (120 Zeitschriften) und erreichte ihren Höhepunkt mit 142 Zeitschriften im Jahre 1907.[2] Die vom 1. September 1906 an erscheinende *Myśl Niepodległa* war eine dieser Wochenschriften, wobei diese statt alle sieben alle zehn Tage herausgegeben wurde. Jede Ausgabe hatte etwa einen Umfang von 50 Seiten bei einem Seitenformat von 21 x 25 cm.[3] Um sich eine Vorstellung von der publizierten Seitenmenge zu machen, seien hier die Werte von 1906 bis 1908 angeführt: 1906 (ab. 1.9.) 604 Seiten, 1907 1.718 Seiten, 1908 1.728 Seiten. Zum Vergleich: Die liberale Frankfurter Halbmonatsschrift *Das freie Wort* kam in ihrem 7. Jahrgang (April 1907 – April 1908) auf 960 Seiten. Die Auflagenstärke von *Myśl Niepodległa* wurde für das Jahr 1909 mit 1.200 Exemplaren angegeben, die sich dann noch vor dem Beginn des Ersten Weltkrieges auf 3.000 Exemplare steigerte. Bis zur Einstellung der Zeitschrift im Jahre 1931 war der Herausgeber immer jemand aus der Familie Niemojewski. Von 1906-1921 war es Andrzej Niemojewski, der Begründer der Zeitschrift. Nach dessen Tod übernahm sein Sohn Adam die Herausgabe.[4]

Inhaltlich beschrieb die *Myśl Niepodległa* in der Zeitschriftenlandschaft Kongresspolens einen Sonderweg; sie sah sich als das Leitmedium polnischer Freidenker. Für die Jahre 1906-1908 könnte man sie als eine liberale, religionskritische Kulturzeitschrift beschreiben. In Fragen der Politik stand sie liberalen und sozialdemokratischen Denkmodellen nahe. So bezog sie in den Anfangsjahren mehrfach deutlich Stellung gegen die Nationaldemokraten, kritisierte schwächer ab und an die Sozialisten. Ihre in den Anfangsjahren entschieden liberale Grundhaltung drückte sich vor allem in ihrem Einsatz für Menschen- und Bürgerrechte aus, wozu auch die Forderung nach der rechtlichen Gleichstellung der Frau gehörte.

---

[2] Zenon Kmiecik, Prasa polska w rewolucji 1905-1907 [Die polnische Presse in der Revolution 1905-1907], Warschau 1980, S. 22-23.
[3] Ders., „Myśl Niepodległa" Andrzeja Niemojewskiego w latach 1906-1914 [A. Niemojewskis „Myśl Niepodległa" in den Jahren 1906-1914], in: Człowiek i Światopogląd (1976), Nr. 137, S. 158-167, S. 159.
[4] Ebd. S. 167.

Myśl Niepodległa

Die Religionskritik innerhalb von *Myśl Niepodległa* verdient eine genauere Betrachtung. *Myśl Niepodległa* war zwar religionskritisch und insbesondere antiklerikal, jedoch nicht religionsfeindlich. Diesen Unterschied verdeutlichen die historischen Vorbilder, die *Myśl Niepodległa* als Orientierungspunkte seinen Lesern anempfahl. Bereits im Leitartikel der ersten Ausgabe wurde die 1539 als Häretikerin in Krakau auf dem Scheiterhaufen verbrannte Katarzyna Wajglowa (Weiglowa) als an der Spitze der polnischen Freidenkerbewegung stehend aufgeführt.[5] Die beinahe 80-jährige Wajglowa zweifelte nicht an der Existenz eines Gottes, wohl aber an der Gottessohnschaft Jesu,[6] und reihte sich somit in die im 16. Jahrhundert auch in Polen populäre Bewegung der Arianer ein. Zu den polnischen Freidenkern wurden von *Myśl Niepodległa* aber nicht nur Gewaltopfer der katholischen Kirche aufgeführt, sondern auch Katholiken wie der ermländische Bischof und spätere Erzbischof von Gnesen Ignacy Krasicki.[7] Für *Myśl Niepodległa* war dies kein Widerspruch. Das Periodikum teilte die Geschichte Polens seit dem beginnenden 16. Jahrhundert in zwei Traditionen ein. Die eine Tradition wird durch die polnischen Jesuiten, den polnischen Klerikalismus und eine korrupte Adelsschicht verkörpert, und die andere Tradition, zu deren Anwalt sich *Myśl Niepodległa* machte, repräsentierten Persönlichkeiten wie Nikolaus Kopernikus, Katarzyna Wajglowa oder Jan Henryk Dąbrowski.[8] *Myśl Niepodległa* verstand es auch, diese polnische Tradition des freien Denkens und Handelns in die internationale Freidenkergeschichte einzuordnen. Der 1908 während des

---

[5] Idee Kierownicze [Leitideen], in: Myśl Niepodległa (1906), Nr. 1, S. 1-9, S. 9; „*Na czele zaś polskich wolnych myślicieli stoi osmdziesięcioletnia staruszka Katarzyna z Zalassowskich Wajglowa, (...)*". Siehe Sprawozdanie z pierwszego zgromadzenia wolnych myślicieli polskich [Bericht von der ersten Versammlung freier polnischer Denker], in: Myśl Niepodległa (1907), Nr. 48, S. 1671-1693, S. 1676.
[6] Andrzej Niemojewski, Kontradykcje Ewangieliczne [Evangelische Widersprüche], in: Myśl Niepodległa (1906), Nr. 1, S. 33-43, S. 41.
[7] Katechizm Wolnego Myśliciela [Katechismus des Freien Denkers], in: Myśl Niepodległa (1908), Nr. 49, S. 1-15, S. 9.
[8] Idee kierownicze (wie Anm. 5), S. 8-9.

ganzen Jahres in der Zeitschrift erschienene Freidenkerkalender war schließlich Ausdruck dieser Form von Traditionspflege.

Andrzej Niemojewski[9]

Kenntnisse der Biographie Andrzej Niemojewskis, des Begründers und Herausgebers von *Myśl Niepodległa*, sind für eine nähere Beschäftigung mit *Myśl Niepodległa* unerlässlich. Schließlich soll er nahezu alle 578 Leitartikel in der Zeitschrift selbst geschrieben haben.[10] Bei den biographischen Angaben zur Person Niemojewski wurde sich auf einige Aspekte seines Lebens konzentriert, die für die Anfangsjahre (1906-1908) von *Myśl Niepodległa* von Relevanz waren. Der spätere Antisemitismus Niemojewskis wird daher nicht thematisiert. Prägend für Andrzej Niemojewskis Auffassung von Religion dürfte sein Wissen von den Skeptikern, Konvertiten und Freimaurern innerhalb seines Familienstammbaumes gewesen sein. Einer der bekanntesten unter diesen war der zum Arianertum konvertierte Jan Niemojewski (+ 1598), Autor des Buches „Beweis, dass die römische päpstliche Kirche weder eine apostolische, noch heilige, noch eine, noch allgemeine ist."[11] Das religiöse Verständnis der Arianer prägte die ersten Jahre der Zeitschrift entscheidend mit.[12] Andrzej Niemojewski wurde nahe der Grenze zu Preußen 1864 in Rokitnica geboren. Seine spätere Schulzeit verbrachte er sowohl im preußischen (in Strasburg/Brodnica) als auch im österreichischen Teilungsgebiet Polens (in Krakau und in Neu-Sandez/Nowy Sącz). Er hatte somit aus eigener Erfahrung Einblicke in das Bildungssys-

---

[9] Literatur zur Biographie von Andrzej Niemojewski: Andrzej Piber / Witold Stankiewicz, Niemojewski, Andrzej, in: PSB, Bd. 23 (1978), S. 3-10; Eugenia Basara-Lipiec, Niepodległa Myśl [Unabhängiges Denken], Rzeszów 1988, S. 10-28.
[10] Basara-Lipiec, Niepodległa Myśl (wie Anm. 9), S. 21.
[11] Andrzej Niemojewski, Gott Jesus, Vorwort, München 1910, S. V. Eine umfangreiche polnische Rezeption des Buches von Jan Niemojewski findet sich in: Eugenjusz Gruszczyński, Polemista Arjański XVI-go wieku [Ein arianischer Polemiker des 16. Jh.], in: Myśl Niepodległa (1909), Nr. 85, S. 13-29.
[12] Zum Beispiel wird im Leitartikel *Katechizm Wolnego Myśliciela* lobend die Einstellung der Arianer gegen den Militarismus hervorgehoben. Katechizm Wolnego Myśliciela (wie Anm. 7), S. 9-10.

Myśl Niepodległa

tem der Teilungsmächte. Nach der Matura 1885 ging er zum Studium der Jurisprudenz nach Dorpat. Aufgrund einer nichtstandesgemäßen Trauung wurden ihm die Gelder zum Lebensunterhalt von Seiten der Familie gestrichen. Niemojewski brach sein Studium 1888 ab und beschloss Schriftsteller zu werden. In den 1890er Jahren wurde er zu einem viel beachteten Schriftsteller. Er, der auch zeitweise in Sosnowiec lebte, versuchte in vielen seiner Gedichte und Erzählungen ein realistisches Bild der Arbeitswelt in den Fabriken und den Bergwerken zu zeichnen. Diese Nähe zur Arbeiterschaft in den Kohlerevieren sollte für die frühen Jahre von *Myśl Niepodległa* von weitreichender Bedeutung werden.[13]

Der sein späteres Leben bestimmende Konflikt mit der katholischen Kirche und den Zensurbestimmungen der Teilungsmächte Russland und Österreich nahm seinen Anfang in der von ihm für das Jahr 1900 vorgesehenen Buchveröffentlichung von „Legendy" (Legenden), das Jesus als Menschen beschreibt. Das römisch-katholische Konsistorium in Warschau zensierte das Manuskript und verbot dessen Druck in Kongresspolen.[14] Niemojewski wechselte daraufhin in das österreichische Teilungsgebiet und lies den Text in Lemberg drucken, hoffte er doch darauf, in Galizien eine mildere Zensur vorzufinden.[15] Teile der katholischen Presse in Galizien starteten daraufhin eine antisemitische Kampagne gegen dieses Buch, wobei vor allem die im Buch befindlichen Zeichnungen von Stanisław Dębicki, er zeichnete Jesus in jüdischer Kleidung, die Gemüter erregten. Das Buch wurde schließlich auf Drängen des national-katholischen Lagers zensiert und die Auflage vorübergehend konfisziert. Das liberale Lager unter den polnischen Intellektuellen hingegen solidarisierte sich mit Niemojewski und verurteilte entschieden die Zensur des Buches. Die von Niemojewski offen geführten Prozesse um eine Legalisierung seines Buches sowohl in Kongresspolen als auch in Galizien, machten den Einfluss des Klerus auf die Zensur in Galizien

---

[13] Basara-Lipiec, Niepodległa Myśl (wie Anm. 9), S. 10-17.
[14] Andrzej Niemojewski, Sprawa Legend i Objaśnienia Katechizmu [Das Problem der Legenden und der Erklärung des Katechismus], Warschau 1909, S. 9-11.
[15] Ebd. S. 18.

und Kongresspolen für jeden sichtbar.[16] Die Verantwortlichen für die Unterdrückung der Meinungsfreiheit waren nun nicht mehr nur in Wien, Berlin oder Petersburg zu suchen. Die Reformen von 1905 ermöglichten schließlich den erneuten Druck von „Legendy" und dessen Vertrieb im Verlag von *Myśl Niepodlegla*. Die Grenzen der Meinungsfreiheit in Kongresspolen der Jahre 1905-1914, zeigte letztlich Niemojewski durch die Publikation einiger religionskritischer und religionswissenschaftlicher Bücher auf, und lieferte so einen Indikator für die Meinungsfreiheit in Kongresspolen. Sein religionswissenschaftliches Werk „Bóg Jezus" (1909), das in Deutschland unter dem Titel „Gott Jesus" 1910 erschien,[17] wurde in Kongresspolen konfisziert. Für seine 1907 veröffentlichte „Objaśnienie katechizmu" (Erläuterung des Katechismus) verurteilte man ihn, nachdem der vom Bischof der Diözese Kujawien-Kalisch angestrengte Prozess von 1908 ins Stocken geraten war, schließlich im September 1911 zu einem Jahr Festungshaft. Er vermied es fortan, die Doktrinen der katholischen Kirche anzugreifen, betrieb aber nach wie vor Bibelkritik.[18]

Niemojewskis religionswissenschaftliche Arbeiten verstanden sich häufig als Aufklärungsschriften gegen den polnischen Katholizismus. In „Bóg Jezus" beispielsweise entzauberte er Maria als Himmelskönigin. Er wies anhand von dem Text beigefügten Fotos und Zeichnungen nach, dass das Bildnis der Mutter Gottes mit Kind von ägyptischen (Isis mit Horus), römischen (Juno mit Mars) und anderen Vorbildern übernommen wurde.[19] Der Marienkult hatte nach Niemojewski seine Wurzeln in vorchristlicher Zeit, was jedoch vor ihm schon lange in Westeuropa bekannt war. In polnischer Sprache war bisher jedoch noch kein Werk erschienen, das auf die paganen Wurzeln des Marienkultes verwies und gleichzeitig mit Illustrationen versehen war. Die Darstellungen in Niemojewskis Kapitel zur Himmelskönigin waren als Bildprogramm gegen den Kult um die Schwarze Madonna in Częstochowa (Tschenstochau) zu verstehen.

---

[16] Ebd. S. 28-65.
[17] Niemojewski, Gott Jesus (wie Anm. 11).
[18] Kmiecik, „Myśl Niepodlegla" (wie Anm. 3), S. 164-165.
[19] Niemojewski, Bóg Jezus, Warszawa 1909, S. 188-196.

Myśl Niepodległa

Beleidigung oder gar Gotteslästerung lag ihm dabei zumindest in diesem Fall fern, denn sonst hätte er die auch sicherlich ihm bekannte Skulptur aus dem Louvre, Messalina mit ihrem Sohn Britannicus, als Vergleich herangezogen.

„Wolna Gmina" – Die Freie Gemeinde

In der ersten Novemberausgabe des Jahres 1906 erschien in *Myśl Niepodległa* ein 14 Seiten umfassender Leitartikel zum Thema „Wolna Gmina". Dieser Artikel legte den Grundstein für das spätere weltweite offene Bekenntnis zur „Wolna Gmina" in der Zeitschrift *Myśl Niepodległa*. Offen, das heißt mit der Nennung von Vor- und Familiennamen sowie dem Wohnort. Nach der eingangs des Artikels gemachten Feststellung, dass man kein Katholik mehr sei, beschrieb der Autor den Weg in die katholische Kirche als einen an Säuglingen durch Taufe verübten Zwang. Er führte diese Beschreibung später mit dem bereits auf der ersten Seite zu findenden, nun aber veränderten Zitat aus Stanisław Wyspiańskis *Wyzwolenie* (Die Befreiung) zu Ende. Hierin wurde nun danach gefragt, was man denn mit dem Katholizismus gemeinsam habe. Als Antwort erhielt der Fragende, dass die katholischen Symbole einem fremd seien, nur den Taufschein habe man mit diesen gemeinsam.[20] Trotz der nur geringen Gemeinsamkeit waren die wichtigsten Stationen im Leben, wie die Schulzeit, die Ehe und gegebenenfalls die Scheidung, die religiöse Erziehung der Kinder in der Schule, bis hin zum eigenen Begräbnis, entschieden von der katholischen Kirche geprägt. Eine Scheidung beispielsweise konnte jemanden vom katholischen Leben ausschließen, verhinderte jedoch nicht, dass man im Tode wieder mit der katholischen Kirche versöhnt wurde, da Angehörige einem ein christli-

---

[20] Wolna Gmina (wie Anm. 1), S. 297-298. Bei Stanisław Wyspiański, Wyzwolenie, II. Akt: Konrad: „Czyśmy właściwie mieli jakie rzeczy wspólne? Chyba akcesorja i godła." Antwort (Maske 20): „Tak, akcesorja i godła. Dziś nie znaczące nic." – In Myśl Niepodległa: „Czyśmy właściwie mieli jakie rzeczy wspólne z katoliczmem? Chyba akcesorja i godła". Antwort: Ale i to nie. Symbolika katolicka była nam zupełnie obca. Mieliśmy tylko wspólne metryki i na tem absolutnie koniec." In: Myśl Niepodległa (1906), Nr. 7, S. 297-310, S. 298.

ches Begräbnis organisierten.[21] Letztlich wollte man aber nicht ein aus der katholischen Kirche Verstoßener sein, sondern frei.[22] Der Leitartikel kritisierte jedoch nicht nur den Einfluss der katholischen Kirche auf den privaten Bereich ihrer Mitglieder, sondern beklagte auch die Diskriminierungen von Nichtkatholiken im Allgemeinen, insbesondere den Antisemitismus, verübt von Teilen des katholischen Klerus. Er kritisierte die Wissenschaftsfeindlichkeit der katholischen Kirche und ihren Einfluss auf das Schulsystem. Über den Papst behauptete er, dass dieser sich nicht für Polen als Nation interessiere, sondern nur für den Katholizismus.[23] Von der katholischen Kirche war somit auch keine Unterstützung in der Wiederherstellung eines polnischen Staates zu erwarten.

Woran aber könnten Nichtkatholiken ihre Hoffnungen auf Verbesserung ihrer Situation festmachen? Der Leitartikel machte hier zwei historische Ereignisse aus. Zum einen das Toleranzmanifest vom April 1905, in dem er eine Befreiung aus dem Religionszwang sah, was jedoch in dieser Eindeutigkeit eine Fehlinterpretation war.[24] Das Toleranzmanifest vom 30. April 1905 (17. April nach julianischem Kalender) liberalisierte die Konversion in eine andere Religion. Man konnte jedoch nur übertreten, aber nicht austreten. Das Recht auf Konfessionslosigkeit in Russland wurde erst 1918 unter anderen politischen Gegebenheiten realisiert.[25] Als ein anderes Hoffnung gebendes Beispiel wurde die Legalisierung der Mariaviten im November (Dezember) 1906 aufgeführt. Die Mariaviten waren eine religiöse Erneuerungsbewegung, die sich aus Mitgliedern der katholischen Kirche gebildet hatte. Die katholische Kirche verweigerte jedoch den Mariaviten die Anerkennung, woraufhin es vor allem 1906 zu blutigen Zusammenstößen zwischen diesen und Katholiken kam. Der russische Staat nahm sich des Schutzes der verfolgten Mariaviten an und erkannte diese als eigene Religionsgemeinschaft am

---

[21] Ebd. S. 297-302.
[22] „A my nie chcemy być odtrąconymi katolikami. My przecież chcemy być wolni." Ebd. S. 302.
[23] Ebd. S. 299-300.
[24] Ebd. S. 302-303.
[25] Ralph Tuchtenhagen, Religion als minderer Status, Frankfurt am Main 1995, S. 92-96.

11. Dezember (28. November) 1906 an.[26] Da die Anerkennung der Mariaviten erst einen Monat nach Veröffentlichung des Artikels „Wolna Gmina" erfolgte, sah der Autor des Leitartikels wohl vor allem den beschrittenen Weg zur Legalisierung als erfolgversprechend an. Dieser Weg, nämlich eine staatliche Anerkennung von Ausgetretenen, schien deutlich schneller und leichter zu erreichen als die bisherigen Versuche über Gesetzesänderungen eine Verbesserung der rechtlichen Lage von aus der katholischen Kirche Verstoßenen zu erlangen. Hierfür mussten die Ausgetretenen jedoch eine Gemeinschaft bilden. Daher schlug der Autor die Gründung einer „Wolna Gmina" vor. Diese solle die bisherige Bekenntnisgemeinde ersetzen, wäre jedoch keine Gemeinde von Konfessionslosen, da sie sich nicht allein durch den Gegensatz zu den bereits bestehenden Bekenntnisgemeinden definiere.[27] Die „Wolna Gmina" würde seiner Meinung nach wie andere Bekenntnisgemeinschaften auch den Anspruch haben, das Leben von der Wiege bis zur Bahre zu begleiten.[28] Sie verfüge demnach über ein eigenes Eherecht; Ehescheidungen würden nach geltendem Recht vollzogen und psychologisch begleitet werden. Die Gemeindemitglieder hätten ein Recht auf ein ziviles Begräbnis und die Gemeinde solle über eigene Leichen- und Trauerhallen sowie ein Krematorium verfügen. Die „Wolna Gmina" solle demokratisch aufgebaut sein. Ihre ethischen Grundlagen beruhten auf wissenschaftlichen Methoden, an einer Jahrtausende alten Vorstellung würde sie sich nicht orientieren.[29] Das Konzept der „Wolna Gmina" unterschied diese deutlich von einer katholischen Gemeinde, denn letztere gestattete beispielsweise erst seit dem Zweiten Vatikanischen Konzil die Feuerbestattung für ihre Mitglieder, wenn auch unter Auflagen.[30]

Interessanter als der zu erwartende Gegensatz zu den religiösen Glaubensgemeinschaften war jedoch der Unterschied, den der Leitartikel zu den bereits existierenden Organisationen und Denkrichtun-

---

[26] Ebd. S. 217-219.
[27] Wolna Gmina (wie Anm. 1), S. 303-304.
[28] Ebd. S. 309.
[29] Ebd. S. 306-307.
[30] Henning Winter, Die Architektur der Krematorien im Deutschen Reich 1878-1918, Dettelbach 2001. S. 25.

gen des säkularen Spektrums ausmachte, wie etwa dem Freimaurertum.[31] Die „Wolna Gmina" tage öffentlich, sie sei demokratisch aufgebaut und alle Mitglieder seien gleich; die Mitgliedschaft stehe jedem offen. Die Freimaurer dagegen tagten geheim, sie seien hierarchisch aufgebaut und nur für Auserwählte zugänglich.

Als mit der „Wolna Gmina" nicht vereinbar wurde aber auch der unter polnischen Intellektuellen sehr populäre Positivismus gesehen, da dieser nur eine Religion der Konfessionslosigkeit anstrebe.[32] Unmittelbar ist hier auch ein Angriff auf Aleksander Świętochowski zu sehen, einem der führenden Kritiker des katholischen Klerikalismus und Begründer liberaler Zeitschriften wie *Prawda*.[33] Der Leitartikel betonte auch, dass sich die Idee der „Wolna Gmina" nicht an bereits existierenden Freien Gemeinden als Vorbild orientiere. Die „Wolna Gmina" sollte sich nur auf sich und das in Kongresspolen Mögliche konzentrieren. Um ihren eigenen Charakter noch zu betonen, setzte man sich in die Tradition der polnischen Freidenker von 1815-1830.[34] Das Projekt der „Wolna Gmina" sollte so auf keinen Fall fremdgesteuert, das heißt vom Ausland gelenkt, oder untraditionell wirken. Zu vermuten ist, dass diese Absage an den Internationalismus innerhalb des säkularen Spektrums eine mögliche Anerkennung als Gemeinschaft erleichtern sollte. In der weiteren Entwicklung der „Wolna Gmina" suchte man eben sehr wohl Bezugspunkte zum Ausland, wie weiter unten gezeigt wird. Des Weiteren verpflichte sie sich zur politischen Neutralität. Entgegen den von national gesinnten Polen erhobenen Forderungen nach einem autonomen Staat, fordere die „Wolna Gmina" zuerst die Verwirklichung der Autonomie des Menschen. Die Befreiung der Menschen aus der religiösen Unterdrückung sei für sie wichtiger, und folgerichtig endete der Leitartikel mit der Ausrufung des Hauptzieles, einer Freien Menschheit.[35]

Der Appell zur Gründung der „Wolna Gmina" blieb zunächst einmal ohne weitere Folgen. Erst in der letzten Dezemberausgabe

---

[31] Wolna Gmina (wie Anm. 1), S. 305.
[32] Ebd. S. 305.
[33] Zenon Kmiecik, Prasa warszawska w latach 1908-1918 [Die Warschauer Presse in den Jahren 1908-1918], Warschau 1981, S. 168.
[34] Wolna Gmina (wie Anm. 1), S. 308.
[35] Ebd. S. 307-310.

Myśl Niepodległa

des Jahres 1906 teilte die Redaktion nach schriftlichen Anfragen mit, dass bezüglich des Status einer „Wolna Gmina" noch keine Entscheidung gefallen sei, und man Rechtsanwälte mit der Angelegenheit betraut habe.[36] Letztendlich kam es nie zu einer Legalisierung der „Wolna Gmina" und auf das Warum findet sich in *Myśl Niepodległa* keine Antwort. Innerhalb der Redaktion kam es aber zu Beginn des Jahres 1907 zu einer Kurskorrektur, verglichen mit dem Gründungsappell zur „Wolna Gmina". Man orientierte sich nun doch an bereits bestehenden Freien Gemeinden im Ausland. Als erstes Indiz hierfür kann der Abdruck zweier Aufsätze zur Geschichte der Freien Gemeinden in Österreich und Deutschland gewertet werden. Die Aufsätze gaben den Lesern von *Myśl Niepodległa* Beispiele bereits realisierter Freier Gemeinden beziehungsweise organisierter Konfessionslosigkeit. In der zweiten Februarausgabe von 1907 erschien zunächst der Aufsatz „Wolne Gminy w Austrji" von Zygmunt Leser (Lemberg). Er behandelte in seinem Essay jedoch nicht eine Geschichte Freier Gemeinden in Österreich, wie es ja der Titel vermuten ließe, sondern vielmehr eine Geschichte der Konfessionslosigkeit in Österreich. Einen breiten Raum nahmen die Gesetze der Jahre 1868 und 1870 ein, denn ab 1868 konnte man in Österreich aus seiner Religionsgemeinschaft austreten und im Jahre 1870 verbesserte sich noch einmal die rechtliche Situation der Ausgetretenen und Konvertierten in Fragen des Eherechtes. Über den Organisationszustand der Konfessionslosen erfuhr der Leser nichts.[37] Anders verhielt es sich mit dem Aufsatz von Gustav Tschirn (Breslau), der in seiner Person den Bundesvorsitz der Freireligiösen Gemeinden Deutschlands und des Deutschen Freidenkerbundes vereinte. Tschirns Text war eine gekürzte Zusammenfassung seines auf Deutsch verfassten Aufrufs „Ein Weckruf ans deutsche Volk", der wahrscheinlich von Andrzej Niemojewski ins Polnische übertragen wurde. Anders aber als beim Artikel von Leser schien es sich beim Text von Gustav Tschirn nicht um eine Auftragsarbeit gehandelt zu haben, sondern

---

[36] Myśl Niepodległa (1906), Nr. 12, S. 597.
[37] Z[ygmunt] Leser, Wolne Gminy w Austrji [Freie Gemeinden in Österreich], in: Myśl Niepodległa (1907), Nr. 17, S. 207-212.

149

vielmehr um eine Privatinitiative Tschirns.[38] Auf vier Seiten fand sich nun in *Myśl Niepodległa* die Geschichte der Freireligiösen Gemeinden in Deutschland seit 1844 dargestellt. Für eine zukünftig geplante „Wolna Gmina" dürften folgende Punkte in der Geschichte der Freireligiösen Gemeinden von Relevanz sein:[39] Die Freireligiösen setzten sich zu Beginn ihrer Bewegung überwiegend aus mit der katholischen Kirche unzufriedenen Katholiken zusammen – was der Ausgangssituation in Kongresspolen nahe kam; freidenkende Juden wurden in die Gemeinden aufgenommen – ein ob des hohen jüdischen Bevölkerungsanteils in Kongresspolen zu berücksichtigender Aspekt; die Freireligiösen erreichten teilweise ihre Legalisierung in den deutschen Ländern – auch die „Wolna Gmina" strebte ja die Legalisierung an; innerhalb der Gemeinden wandelte sich die Gottesvorstellung im Laufe der Jahre von einer katholischen hin zu unterschiedlichen wie zu einer pantheistischen, agnostischen oder gar einer Gott verneinenden atheistischen – auch die „Wolna Gmina" verstand sich als eine Gemeinschaft, die Menschen verschiedener Glaubensvorstellungen zu integrieren suchte; in einigen Gemeinden wie Frankfurt am Main, Wiesbaden und Breslau war es möglich, den Religionsunterricht durch eigens bestellte Lehrkräfte zu geben – eine Legalisierung als Gemeinschaft hätte der „Wolna Gmina" ebenfalls die Chance geboten, ihre Kinder gemäß ihrer religiösen Vorstellung zu unterrichten.

Die Wirkung des Tschirnschen Artikels und die erfolgte Orientierung der „Wolna Gmina" an dem Vorbild der Freireligiösen Gemeinden wurde in den nächsten Ausgaben von *Myśl Niepodległa* deutlich. Zwei Ausgaben nach Erscheinen von Tschirns Aufsatz wurden im Rezensionsteil von *Myśl Niepodległa* an erster Stelle vier Schriften mit freireligiösem Inhalt genannt, worunter der Freidenker-Katechismus[40] Gustav Tschirns eine knapp halbseitige Besprechung er-

---

[38] In Myśl Niepodległa findet sich die Information, dass der Zeitschrift der Appell Tschirns mit einem Brief zugegangen sei. Gustav Tschirn, Wolne Gminy Religijne w Niemczech [Freie religiöse Gemeinden in Deutschland], in: Myśl Niepodległa (1907), Nr. 19, S. 298-302, S. 298.
[39] Ebd. S. 298-302.
[40] Im vollen Titel: Der Freidenker – Katechismus, kurzgefasste Summa dessen, was der Freireligiöse und Der Freidenker wissen muss.

hielt, versehen mit der Empfehlung, diesen doch bald ins Polnische zu übertragen. Des Weiteren wurden Buchtitel aus dem Verlagsprogramm von „Volksschriften zur Umwälzung der Geister" vorgestellt, darunter wiederum drei Schriften von Tschirn.[41] Dass es sich bei diesen Buchbesprechungen und Empfehlungen der Schriften Tschirns nicht um Randnotizen handelte, verdeutlicht die Tatsache, dass Gustav Tschirn der erste nicht Polnisch schreibende Autor war, der in das Verlagsprogramm von *Myśl Niepodległa* zu Beginn des Jahres 1909 aufgenommen wurde.[42] Dies war jedoch nicht die erste Schrift Tschirns, die ins Polnische übertragen wurde. 1908 erschien in Łódź (Lodz) ein Vortrag Tschirns „Die Moral ohne Gott", gehalten auf der Jubiläumsfeier des Deutschen Freidenkerbundes in Stettin,[43] auf Polnisch.[44] Der Verlagsort Łódź als erster Verlagsort einer polnischsprachigen religionskritischen Schrift Tschirns verwundert nicht. Łódź war eine Stadt vieler Kulturen; eine Stadt der Deutschen, Juden und Polen; eine Stadt, in der die Menschen unterschiedlichster Religion nahezu täglich miteinander in Kontakt gerieten; eine Stadt großer sozialer Gegensätze und es war im Unterschied zu anderen multireligiösen Städten Ostmitteleuropas, wie beispielsweise Lemberg, keine Stadt mit einer über Jahrhunderte gewachsenen Tradition des religiösen Miteinanders beziehungsweise reglementierten Nebeneinanders. Schließlich war es auch ein Brief von sozialistischen Arbeitern und bekennenden Lesern aus Łódź an *Myśl Niepodległa*, der in der dritten Aprilausgabe des Jahres 1907 innerhalb des Leitartikels veröffentlicht wurde und der neben den Diskriminierungen kirchenaustrittswilliger Arbeiter die Hoffnung auf eine baldige Gründung einer „Wolna Gmina" in Łódź aussprach.[45] Damit wurde ebenso wie gegen Ende des Jahres 1906 der Wunsch nach Gründung

---

[41] Myśl Niepodległa (1907), Nr. 21, S. 425-426.
[42] Myśl Niepodległa (1909), Nr. 85, S. 48. Die dort angeführte Schrift Gustav Tschirns „Co powinieneś wiedzieć" wurde übersetzt von Natalja Kalecka.
[43] Gustav Tschirn, Vom deutschen Freidenker - Kongress in Stettin, in: Der Freidenker. Nr. 13. Jahrgang 14. S. 98-100, S. 98.
[44] Myśl Niepodległa (1908), Nr. 62. S. 671. Die Schrift „Moralność bez Boga" umfasste 54 Seiten.
[45] Wszechświatowy Ruch Wolnej Myśli [Die weltweite Bewegung freien Denkens], in: Myśl Niepodległa (1907), Nr. 24, S. 529-537, S. 533-534.

einer „Wolna Gmina" von Seiten der Leser gestellt. Es blieb jedoch nicht beim Hoffen und Wünschen der Leserschaft. Zwei Monate später wurde ein an den Redakteur Andrzej Niemojewski gerichteter Brief einer Gruppe aus Zagłębie Dąbrowskie (Dąbrowa-Becken) in *Myśl Niepodległa* abgedruckt, der sich mit der Idee einer „Wolna Gmina" solidarisch erklärte. Die Gruppe rief zudem zu einer offenen Solidarität mit den Ideen der „Wolna Gmina" auf. Beispielhaft für die nun kommenden eineinhalb Jahre in *Myśl Niepodległa* führte der Brief die Unterschriften aller Personen aus Zagłębie Dąbrowskie auf, die sich zur „Wolna Gmina" offen bekannten, die jedoch aus Platzgründen erst zwei Ausgaben später abgedruckt wurden.[46] Mit der Veröffentlichung ihres Vor- und Familiennamens sowie des Wohnortes machten die Angehörigen der „Wolna Gmina" ihre Ablehnung der katholischen Kirche zu einem offenen Bekenntnis. Sie erfüllten damit auch eines der ursprünglichen Ziele der „Wolna Gmina", nämlich nicht im Geheimen zu arbeiten, womit sie sich auch von den Freimaurern unterschieden.

In der zweiten Juliausgabe bekannten sich 68,[47] in der dritten Juliausgabe 70[48] und in der ersten Augustausgabe 57,[49] worunter auch zum ersten Mal Personen aus Warschau zu finden waren. Bis Ende 1908 erschienen in 33 Ausgaben von *Myśl Niepodległa* Namenslisten mit Bekennern zur „Wolna Gmina", worunter jedoch auch Ausgaben waren, die nur eine geringe Anzahl von zwei bis drei Personen auflisteten.[50] Der in den Listen angegebene Wohnort liefert einen Überblick über den Verbreitungsgrad der Idee der „Wolna Gmina". Allein in Kongresspolen bekannten sich aus mehr als 30 Orten Menschen zu ihr. Die meisten offenen Bekenntnisse gab es in Zagłębie Dąbrowskie, Warschau, Łódź und Pabianice. Aber auch in Kleinstädten wie Mińsk Mazowiecki (ca. 6000 Einwohner)[51] – 39

---

[46] Myśl Niepodległa (1907), Nr. 30, S. 849.
[47] Myśl Niepodległa (1907), Nr. 32, S. 943-944.
[48] Myśl Niepodległa (1907), Nr. 33, S. 994-995.
[49] Myśl Niepodległa (1907), Nr. 34, S. 1036-1037.
[50] Offene Bekenntnisse zur *Wolna Gmina* in: Myśl Niepodległa (1907, 1908), Nr. 32-36, 41, 44, 46-61, 63-66, 68, 71, 74-76, 79.
[51] Atlas geograficzny illustrowany Królestwa Polskiego na podstawie najnowszych źródeł opracowany [Geographischer illustrierter Atlas des Königreichs Polen auf der

Myśl Niepodległa

Mitglieder bei der Bekanntgabe in *Myśl Niepodległa* –,[52] konnte die Zahl im Verhältnis zur Einwohnerzahl eine beachtliche sein. Die „Wolna Gmina" erfuhr jedoch nicht nur Solidarität aus Kongresspolen. Es spricht für die Verbreitung und die Popularität von *Myśl Niepodległa*, dass sich auch Personen außerhalb Kongresspolens zur Freien Gemeinde bekannten, so etwa in Sydney[53], Chicago[54], Kiew[55], Lemberg[56] und in Darmstadt[57]. Insgesamt erklärten sich in mehr als 30 Städten außerhalb Kongresspolens Personen als ihr zugehörig.

In Einzelfällen ging das öffentliche Bekenntnis in *Myśl Niepodległa* noch über ein Bekenntnis zur „Wolna Gmina" hinaus. Im Juni 1908 wurde ein Brief veröffentlicht, in dem Stanisława Dąbrowska und Leon Lautenberg die Einführung der Zivilehe forderten, und bekanntgaben, dass sie sich seit dem 25. September 1906 im Stand der Ehe sehen.[58]

Die Diskussionen um die Grundsätze und Ziele der „Wolna Gmina" scheinen im Jahr 1908 zu ihrem Ende gelangt zu sein. Die wesentlichen Ziele waren demnach: 1. weltlicher Geburtsschein, 2. Zivilehe, 3. Zivilscheidung, 4. weltliches Begräbnis und 5. weltliche Schule. Des Weiteren verpflichteten sich die Mitglieder der „Wolna Gmina" zur Toleranz und zum Respekt gegenüber religiösen Überzeugungen und zum öffentlichen Wirken.[59]

Die Vernetzung von *Myśl Niepodległa* mit der nationalen und internationalen Freidenkerszene sowie der Kampf um den Alleinvertretungsanspruch unter den polnischen Freidenkern.

Grundlage der neuesten Quellen bearbeitet], hrsg. v. Józef Michał Bazewicz, Warszawa 1907. S. 27.
[52] Myśl Niepodległa (1908), Nr. 75, S. 1286.
[53] Myśl Niepodległa (1908), Nr. 56, S. 379.
[54] Myśl Niepodległa (1908), Nr. 61, S. 610.
[55] Myśl Niepodległa (1908), Nr. 50, S. 84.
[56] Myśl Niepodległa (1908), Nr. 71, S. 1092.
[57] Myśl Niepodległa (1908), Nr. 51, S. 133.
[58] Myśl Niepodległa (1908), Nr. 66, S. 863.
[59] Myśl Niepodległa (1908), Nr. 58, S. 468-469.

Seit dem ersten Internationalen Freidenkerkongress in Brüssel im Jahre 1880 trafen sich Freidenker aus der ganzen Welt auf jenen Kongressen zum Gedankenaustausch und zur Netzwerkbildung. Auch Andrzej Niemojewski nahm an mehreren solcher Kongresse teil, wie etwa denen in Prag (1907) und in Brüssel (1910).[60] Hinweise auf eine internationale Vernetzung fanden sich bereits in der ersten Ausgabe von *Myśl Niepodlegla*. Bereits der Leitartikel benutzte Überlegungen aus dem Programm des Internationalen Freidenkerkongresses in Rom (1904).[61]

Auf den ersten Leitartikel folgte dann ein unmittelbar an die polnische Gesellschaft adressierter Appell, verfasst von der im Juli 1906 in Paris gegründeten „Polska Liga Wolnej Myśli" (PLWM), dem Polnischen Bund Freien Denkens. Im Anschluss an den Appell befand sich die Gründungssatzung der PLWM. Zunächst einmal erfuhr der § 7 des Statuts eine knapp einseitige Kritik. Nach diesem konnten nur Personen Mitglied der PLWM werden, die keine religiösen Praktiken ausübten. Der Kommentar warf nun den Autoren Blindheit für die Situation in Kongresspolen vor. Denn man konnte wohl in Frankreich seine Kinder ungetauft lassen ohne Schikanen befürchten zu müssen, in Kongresspolen jedoch nicht.[62]

Eine Sektion des Polnischen Bundes Freien Denkens in Warschau gründete sich ebenfalls im Sommer 1906. Die Aktionen der PLWM in Warschau und Paris wurden von der Redaktion auch weiterhin kritisch begleitet. Neben einer kleinen Kritik in *Myśl Niepodlegla* Nr. 3[63] kam es in der fünften Nummer zu einer Generalkritik an den Grundsätzen der PLWM sowie an deren Verständnis vom Freidenkertum. Zusammengefasst wurde der PLWM unter anderem vorgeworfen, intolerant gegenüber Andersdenkenden, zum einen dog-

---

[60] Basara-Lipiec, Niepodległa Myśl (wie Anm. 9), S. 139.
[61] Dies., Koncepcja kultury Andrzeja Niemojewskiego [Das Kulturkonzept A. Niemojewskis], in: Człowiek i Światopogląd (1978), Nr. 154, S. 153-163, S. 162-163.
[62] Organizacja myśli niepodległej [Die Organisation des unabhängigen Denkens], in: Myśl Niepodległa (1906), Nr. 1, S. 10-14, S. 10-14.
[63] Jerzy Kurnatowski, Kto jest człowiekiem myśli niepodległej? [Wer ist ein Mensch unabhängigen Denkens?], In: Myśl Niepodległa (1906), Nr. 3. S. 105-110, S. 109-110.

Myśl Niepodległa

matisch und zum anderen doch beliebig in ihren Aussagen zu sein. Die PLWM würde schließlich das freie Denken diskreditieren.[64] Einen letzten Höhepunkt erlebte diese Auseinandersetzung in der ersten Aprilausgabe von *Myśl Niepodległa* im Jahr 1908 in einer mehr als 5 Seiten umfassenden scharfen Kritik am Chefredakteur der PLWM-Monatsschrift *Panteon*, Józef Wasercug (Wasowski).[65] In der Auseinandersetzung zwischen PLWM und *Myśl Niepodległa* ging es vor allem um einen Richtungsstreit. Die PLWM wollte nach Ansicht von *Myśl Niepodległa* einen offenen Kampf gegen die Religion führen, während die Redaktion von *Myśl Niepodległa* darauf aus war, ihre Ziele beispielsweise auf juristischem Weg zu erreichen. Als positives Beispiel wurde hierbei unter anderem auf die Erfolge des deutschen Liberalismus in Folge der Revolution von 1848 verwiesen.[66] Die Monatsschrift *Panteon* erschien nur von Dezember 1907 bis Ende 1908.[67] Eine über das Jahr 1908 hinausgehende Existenz der Pariser und Warschauer Sektion der PLWM konnte bisher noch nicht nachgewiesen werden. Die in der Forschung oftmals hervorgehobene Position der PLWM in der Geschichte freidenkerischer Bewegungen Polens sowie eine aktive Teilnahme Andrzej Niemojewskis an dieser Organisation, decken sich weder mit den Berichten über sie in *Myśl Niepodległa* noch in anderen säkular ausgerichteten Blättern. Die PLWM war eine Organisation, die bis Dezember 1907 in Kongresspolen nur durch einige wenige Flugschriften und Solidaritätsbekundungen in Erscheinung trat. Weder verfügte sie bis zu diesem Zeitpunkt über ein auch nur annähernd mit *Myśl Niepodległa* vergleichbares Verlagsprogramm religionskritischer Schriften, noch über eine eigene, kontinuierlich erscheinende Zeitung. In

---

[64] Falsyfikat wolnej myśli [Eine Fälschung des freien Denkens], in: Myśl Niepodległa (1906), Nr. 5, S. 231-235, S. 231-235.
[65] Myśl Niepodległa (1908), Nr. 58, S. 469-474.
[66] Ebd. S. 472.
[67] Michał Szulkin, Początki polskiego ruchu wolnomyślicielskiego [Die Anfänge der polnischen Freimaurerbewegung], in: Człowiek i Światopogląd (1976), Nr. 134, S. 111-118, hier S. 112.

ihrer Führungsspitze standen Personen, wie etwa Józef Wasercug,[68] die während der Revolution von 1905 im Ausland waren und daher weder über Bekanntheit noch über Reputation in der Bevölkerung Kongresspolens verfügten, wie sie vergleichsweise der 1905 in Warschau nach einer Rede zum Schulstreik inhaftierte und aus Warschau ausgewiesene Andrzej Niemojewski vorzuweisen hatte.[69] Diese Kritik an den Emigranten im Kreise der PLWM fand schließlich auch ihren Eingang in einen Leitartikel von *Myśl Niepodległa*.[70] Letztlich war diese nicht auf eine Vernetzung mit der PLWM angewiesen, verfügte man doch über zahlreiche sich zur „Wolna Gmina" bekennende Polen in der Emigration.

In Kongresspolen selbst war *Myśl Niepodległa* mit unterschiedlichen religionskritischen beziehungsweise antiklerikalen Zeitschriften vernetzt, was sich unter anderem durch die Nutzung gemeinsamer Autoren, wie Jan Hempel, zeigte. Am nächsten dürfte ihr jedoch die nur im Jahr 1907[71] erschienene Wochenzeitschrift *Echa Kieleckie* gestanden haben. Diese liberale und antiklerikale lokale Kulturzeitschrift hatte nur eine Auflagenstärke von 500 Exemplaren bei je 12 Seiten Umfang.[72] In einer Ausgabe vom September 1907 warb Leon Rugier in seinem Leitartikel für die „Wolna Gmina" und wiederholte das bereits in *Myśl Niepodległa* gesagte, dass diese nicht als eine Vereinigung von Konfessionslosen zu errichten sei, sondern als eine Bekenntnisgemeinschaft.[73] *Myśl Niepodległa* wiederum übernahm ab und an Informationen aus den *Echa Kieleckie*, wie zum Beispiel eine

---

[68] Józef Wasercug, geboren 1885 in Płock, studierte von 1904-1908 in Paris. Ludwik Hass, Wolnomularze polscy w kraju i na świecie [Polnische Freimaurer im Lande und in der Welt], Warschau 1999, S. 522-523.

[69] Michał Szulkin, Andrzej Niemojewski – pisarz i działacz [A. Niemojewski – Schriftsteller und Aktivist], in: Człowiek i Światopogląd (1978), Nr. 154, S. 147-152, S. 149.

[70] Przeciw metodzie emigrantów [Gegen die Methoden der Emigranten], in: Myśl Niepodległa (1907), Nr. 30, S. 817-826.

[71] 1908 erschien noch einmal eine Sonderausgabe der *Echa Kieleckie* zum 40-jährigen Werkjubiläum von Aleksander Świętochowski. Echa Kieleckie, Kielce 1908.

[72] Kmiecik, Prasa polska (wie Anm. 2), S. 251.

[73] Leon Rugier, Wolna Myśl i *Wolna Gmina* [Freies Denken und die *Wolna Gmina*], in: Echa Kieleckie (1907), Nr. 48. S. 1-2.

Myśl Niepodległa

kritische Einschätzung des Schulvereins „Macierz Szkolna".[74] Freidenker, Liberale und Sozialisten befürchteten mit der Verbreitung der „Macierz Szkolna" auch einen Machtzuwachs für die Nationaldemokraten sowie der katholischen Kirche. Die Kritiker konnten hierbei auf eigene Erfahrungen aus einem säkular, naturwissenschaftlich ausgerichteten Unterricht an der seit den 1880er Jahren in Kongresspolen illegal tätigen „Uniwersytet Latający" (Fliegende Universität) zurückgreifen, zu deren Absolventen vor allem Frauen, wie etwa Marie Curie-Skłodowska, zählten.[75] Andrzej Niemojewski war ebenfalls in der Erwachsenenbildung tätig, unter anderem hielt er Vorträge in der „Uniwersytet dla Wszystkich" (Universität für Alle).[76] Mit seinem Pressespiegel trug die *Myśl Niepodległa* schließlich zur Wahrnehmung anderer antikirchlich ausgerichteter Blätter bei ihrer Leserschaft bei, darunter auch Schülerzeitschriften wie die galizische *Promień*.[77]

Die Ausbreitung der „Wolna Gmina" auch im Ausland, die Kontakte zu den Freidenkern und Freireligiösen in Deutschland sowie die Rezeption zahlreicher religionskritischer Werke aus dem westlichen Ausland lässt die Frage entstehen, wie sie bzw. die *Myśl Niepodległa* beispielsweise in freidenkerfreundlichen Periodika Deutschlands rezipiert wurde?[78] Die Antwort lautet lapidar: Nur im Zusammenhang mit der Person Andrzej Niemojewski wurde über *Myśl Niepodległa* berichtet. Über das Projekt der „Wolna Gmina" fand sich bisher in den deutschsprachigen Publikationen nichts, jedoch wurden die Leser der liberalen Frankfurter Halbmonatsschrift *Das freie Wort*[79] von Niemojewski selbst über die existierende Unzufriedenheit von Polen mit der katholischen Kirche informiert, sei es

---

[74] Myśl Niepodległa (1907), Nr. 13, S. 42.
[75] Daniel Olszewski, Polska kultura religijna na przelomie XIX i XX wieku [Die polnische religiöse Kultur an der Wende des 19. zum 20. Jh.], Warszawa 1996, S. 226-227.
[76] So zum Beispiel am 17. November 1907 im Großen Saal der Warschauer Philharmonie. Andrzej Niemojewski, Giordano Bruno, Warschau 1908.
[77] Myśl Niepodległa (1908), Nr. 53, S. 238.
[78] Nicht berücksichtigt wurde hier die Rezeption in sozialistischen Zeitschriften.
[79] „Das freie Wort" wiederum wurde häufiger von der liberalen polnischen Presse rezipiert. Zum Beispiel in: Krytyka (1908), Bd. 1, S. 392.

in einem im Januar 1911 publizierten Artikel über die Mariaviten in Polen[80] oder über die Klosteraffäre in Częstochowa im November 1910.[81] Über das Freidenkertum in Polen erfuhr der Leser aus diesen Artikeln nur die Einschätzung Niemojewskis, dass die Polen als ein westslavisches Volk wie die Tschechen zum rationalem Denken veranlagt seien und nicht zum Mystizismus wie die Ostslaven. Als Beleg führte Niemojewski die gegenwärtige Freidenkerbewegung in Polen und Böhmen an. Den Mariaviten bescheinigte er jedoch nur noch Missionserfolge bei den Ungebildeten.[82] In dem zwei Monate zuvor veröffentlichten Artikel zur Klosteraffäre sah Niemojewski die katholische Kirche am Beginn ihres Niedergangs.[83] Dabei ging es um das, was Freidenkerherzen schon über Jahrhunderte hinweg am meisten erregte: Betrug, Raub, Mord und Sex in einem katholischen Kloster. Dass es sich bei dem Kloster um das Paulinerkloster Jasna Góra und bei dem Raub um die Diamantkrone samt Bildnis der Schwarzen Madonna handelte, war bei der Bedeutung des Ortes und der entwendeten Gegenstände für die katholische Kirche Polens ein dankbares Thema für die polnischen Freidenker. Beiläufig informierte Niemojewski die Leser auch über Schikanen wie Hausdurchsuchungen, Gerichtsprozesse, Zensur, etc., welche die polnischen Freidenker zu erleiden hatten.[84]

Zwei Jahre später lenkte *Das freie Wort* noch einmal das Interesse seiner Leser auf die Klosteraffäre von Częstochowa, indem es seinen Abonnenten die 96 Seiten umfassende und in der „Bibliothek der Aufklärung" verlegte Monographie „Der Klosterprozess von Czenstochau" von P. Laskowski zukommen ließ.[85]

---

[80] Andrzej Niemojewski, Die Mariaviten in Polen, in: Das freie Wort (1911), Nr. 19, S. 743-745.
[81] Andrzej Niemojewski, Die Czenstochauer Klosteraffäre, in: Das freie Wort (1910), Nr. 16, S. 620-623.
[82] Niemojewski, Die Mariaviten (wie Anm. 80), S. 745.
[83] „Der ‚helle Berg' in Czenstochau war sechs Jahrhunderte hindurch nur eine Geld- und Wunderfabrik gewesen, deren Papiere augenblicklich stark fallen." Niemojewski, Die Czenstochauer Klosteraffäre (wie Anm. 81), S. 623.
[84] Ebd. S. 622.
[85] P. Laskowski, Der Klosterprozess von Czenstochau, in: Das freie Wort (1912), Nr. 6-11.

Myśl Niepodległa

Erfolgreicher gelang die Vernetzung von polnischen Freidenkern mit der internationalen Freidenkerszene auf Plattformen, wie dem vom 8.-12. September 1907 in Prag tagenden XIV. Internationalen Freidenkerkongress. Hier konnten sich die polnischen Freidenker mit den anderen schon erfahrenen nationalen Freidenkerorganisatoren austauschen und ihre Anliegen auch außerhalb des polnischsprachigen Raumes bekannt machen. Der Prager Freidenkerkongress fand jedoch unter besonderen Umständen statt. Anders als die vorherigen internationalen Freidenkerkongresse in Europa (Rom 1904, Paris 1905), verblieb den Organisatoren des Kongresses – die tschechische Sektion des „Freien Gedankens" – nur kurze Zeit zur Planung, denn ursprünglich sollte der Kongress in Budapest tagen. *Myśl Niepodległa* widmete seine gesamte erste Oktoberausgabe dem Prager Kongress, wobei nach Meinung der Redaktion die für die polnischen Teilnehmenden interessantesten Ergebnisse der Referate und Beratungen wiedergegeben wurden.[86]

Die offiziellen Verhandlungssprachen auf dem Kongress waren Deutsch, Französisch und Tschechisch und die Besucherzahlen der Veranstaltungen gingen in die Tausende.[87] Am ersten Tag durften die auf dem Kongress vertretenen Nationen über ihren Delegationsleiter kurz die Situation in ihrem Land schildern. Delegationsleiter Polens war Andrzej Niemojewski. Er vertrat die am Kongress teilnehmenden Polen, darunter auch Delegierte einer „Wolna Gmina" aus Gelsenkirchen.[88] Den Delegationsleitern war es freigestellt, in anderen als den Konferenzsprachen ihre Begrüßungsrede am Eröffnungstag zu halten. Niemojewski nutzte diese Möglichkeit und trug in seiner Muttersprache Polnisch den Kongressteilnehmern die Grußadressen von freidenkenden Arbeitern aus Częstochowa, von Freidenkern aus Sosnowiec und von Freidenkern aus der „Wolna Gmina" in Gelsenkirchen vor.[89] Die Auswahl der Orte erfolgte mit bedacht. Częstochowa mit seinem Kloster Jasna Góra stand symbolhaft für

---

[86] Czternasty kongres powszechny wolnej myśli w Pradze [14. Kongress des freien Denkens in Prag], in: Myśl Niepodległa (1907), Nr. 40. S. 1297-1343.
[87] Gustav Tschirn, Der Internationale Freidenker - Kongress in Prag, in: Das freie Wort (1907), Nr. 14, S. 536-541, S. 536-537.
[88] Czternasty kongres (wie Anm. 86), S. 1301, 1314.
[89] Ebd. S. 1314-1315.

den Katholizismus in Polen. Sosnowiec vertrat für alle erkennbar das Dombrowaer Kohlebecken, wo der Antiklerikalismus in Kongresspolen mit am stärksten verbreitet war. Das Beispiel Gelsenkirchen brachte vor die Augen der internationalen Tagungsteilnehmer die immer noch starke Verbundenheit der polnischen Emigranten mit ihrer Heimat, die sich in der Gründung einer eigenen „Wolna Gmina" ausdrückte. Schließlich hätten diese sich auch innerhalb des Deutschen Freidenkerbundes oder anderer säkularer Verbände organisieren können. Jedoch dürften diese Informationen und Rückschlüsse vielen Tagungsteilnehmern wegen der Verwendung der polnischen Sprache verborgen geblieben sein. So stellen sich die Fragen, wer denn der Adressat der Rede war und was Niemojewski mit dieser Rede bezwecken wollte. Gerichtet war sie zunächst einmal an die Vertreter der anderen slavischen Völker wie Russen, Slowenen, Tschechen, Kroaten sowie die eigenen Landsleute, zum Beispiel die polnischen Studierenden in Prag. Diese Betonung der slavischen Verbundenheit wird an vielen Stellen des Kongressberichtes in *Myśl Niepodległa* deutlich, wie etwa in der Erwähnung eines gemeinsamen Fotos dreier slavischer Redakteure, eines Tschechen, eines Slowenen und des Polen Niemojewski.[90] Die Verwendung der Muttersprache bot ihm schließlich die Möglichkeit, das Selbstverständnis der Polen als Nation nach außen zu transportieren. Kontrastierend hierzu erwähnte der Bericht auch die auf Russisch gehaltene Rede des litauischen Delegierten und kritisierte diese nichtmuttersprachlich gehaltene Ansprache scharf, indem indirekt auch auf das Beispiel junger Polen, die sich in russischen Organisationen engagieren würden, hingewiesen wurde.[91] Unabhängig von der angewandten Sprache bei einer Begrüßungsrede wurden die Delegationsleiter auch innerhalb der Berichte in deutschsprachigen Freidenkerperiodika häufig als Vertreter einer Nation erwähnt.[92] Dass es Delegationsleiter von Nationen gab und nicht von Staaten, war sicherlich auch ein Zeichen der Organisatoren des Freidenkerkongresses gegen die Fremdbestimmung von Völkern wie Polen, Tschechen, Kroaten und

---

[90] Ebd. S. 1306.
[91] Ebd. S. 1315.
[92] Tschirn, Der Internationale Freidenker-Kongress (wie Anm. 87), S. 538.

Myśl Niepodległa

Litauern. Es wundert daher nicht, dass diese Thematik sich auch in einem der Tagesordnungspunkte, nämlich Patriotismus und freier Gedanke, niederschlug. Neben der Präsentation Polens als Nation wusste Niemojewski auch, dass ihm innerhalb des Kongresses noch genügend Möglichkeiten offen standen, auf die polnischen Verhältnisse in einer der Kongresssprachen einzugehen. Zwei Tage nach der Eröffnung ergriff er innerhalb des Themengebiets „Trennung der Kirche vom Staat" das Wort und berichtete von der Situation der polnischen Freidenker in Kongresspolen. Niemojewski wollte mit seiner Rede einen Gegenpol zu den anderen Redebeiträgen setzen. Von berühmten Freidenkern, die ohne Schwierigkeiten sich zu ihren Überzeugungen bekannten, meinte er genug gehört zu haben. Im Zentrum seiner Rede standen der „(...) prosty, czarnoręki, polski robotnik."[93] Schwarzhändige Arbeiter kannte er aus seiner Zeit in Sosnowiec. Er kannte ihre Arbeitswelt in den Bergwerken und Eisenhütten, die er in seinen Gedichten oftmals beschrieb. Diese Nähe war es wohl, die ihn zu ihrem Anwalt gegen die Verfolgungen der Kirche werden ließ und sie zu seinen Klienten. Eine Beziehung, die ihren Ausdruck auch in den ersten offenen Bekenntnissen zu einer „Wolna Gmina" aus der Region Zagłębie Dąbrowskie fand und in einem Brief aus der Stadt Sosnowiec, dessen Inhalt er auf dem Prager Freidenkerkongress den Tagenden mitteilte. Demnach gab es in Sosnowiec 250 Kirchenaustrittswillige. Diese planten die Gründung einer „Wolna Gmina", da sie nicht mehr auf eine allgemeine Verbesserung der Rechtslage warten wollten. Niemojewski betonte, dass zu den Austrittswilligen auch Frauen gehörten und forderte deren Gleichberechtigung. Die Rechte verheirateter Frauen in Kongresspolen waren nach Niemojewski mit denen von Kindern und geistig Behinderten vergleichbar. Abschließend bat er den Kongress um ein Solidaritätsschreiben für die Austrittswilligen in Sosnowiec, damit diese für ihren weiteren Kampf um ihre Rechte ermuntert werden.[94] Die Rede Niemojewskis wurde von den Lesern von *Myśl Niepodległa* nicht

---

[93] Übersetzung: „(...) einfache, schwarzhändige, polnische Arbeiter" in: Myśl Niepodległa (1907), Nr. 40, S. 1327.
[94] Ebd. S. 1326-1327.

kritiklos aufgenommen. Die polnische Frauenrechtlerin Teresa Lubińska, die in der Zeitschrift gelegentlich zur Frauenproblematik publizierte, merkte einige Wochen später kritisch an, dass zwar Niemojewski eine verstärkte Zusammenarbeit mit Frauen einfordere, sich aber unter den polnischen Tagungsteilnehmern in Prag keine einzige Frau befunden habe.[95]

Insgesamt nahm Niemojewski keinen großen Einfluss auf den Freidenkerkongress. Er war eher in der Rolle des neugierigen und kritischen Beobachters als in der des Gestalters. Für diese Einschätzung spricht auch die Wahrnehmung der polnischen Delegation in den deutschen freidenkerischen Periodika wie *Der Freidenker* und *Das freie Wort*. Polen erschien nur in Verbindung mit dem Namen Niemojewskis. Weder wurde auf die polnischen Diskussionsbeiträge eingegangen, noch auf das längere Zwischenreferat Niemojewskis. Umgekehrt jedoch fanden sich im Kongressbericht von *Myśl Niepodległa* zweimal kürzere Beiträge zu Gustav Tschirn, worunter auch dessen Rede zur Versöhnung von Deutschen und Tschechen teilweise angeführt wurde.[96] Diese sollte schließlich das bestimmende Element dieses Freidenkerkongresses werden, symbolisiert auch durch eine Kranzniederlegung einer deutschen Delegation am Denkmal des Hussitenheerführers Jan Žižka. Für Tschirn ging es jedoch wohl nicht nur um Aussöhnung. Er sah in der starken tschechischen (2.000 Mitglieder) wie in der deutschen Sektion des „Freien Gedankens" in Prag (330 Mitglieder) die Möglichkeit zur Gründung einer „Freien Gemeinde" gegeben. Die deutschen Freireligiösen sollten dann diese unterstützen.[97] Zum ersten Mal seit knapp 50 Jahren wurde wieder an eine Expansion der Idee der Freien Gemeinde nach freireligiösem Vorbild gedacht, jedoch nicht im Zusammenhang mit Kongresspolen. Denn im Gegensatz zu den polnischen Freidenkern verfügten die Prager über gefestigte Organisationen, welche die tschechischen Freidenker durch die erfolgreiche Ausrichtung des

---

[95] Teresa Lubińska, Kongres Wolnej Myśli a Polki [Der Kongress des Freien Denkens und die Polinnen], in: Myśl Niepodległa (1907), Nr. 43, S. 1468.
[96] Myśl Niepodległa (1907), Nr. 40, S. 1313, 1322.
[97] Gustav Tschirn, Prager Stimmungsbild, in: Der Freidenker (1907). Nr. 372, S. 156-158, S. 157.

Myśl Niepodległa

Kongresses unter Beweis stellten. Zu guter Letzt ermöglichten die bestehenden Gesetze in Österreich organisiertes Freidenkertum, die in Russland geltenden Gesetze jedoch noch nicht. Entscheidender als die bestehende Gesetzeslage dürfte jedoch die Unbekanntheit der polnischen Freidenkerszene in Kongresspolen im europäischen Ausland gewesen sein. Sie verfügte bis zum Sommer 1907 nur über religionskritische Zeitschriften und eine „Wolna Gmina" in der Projektphase. Mit wem hätte schließlich Gustav Tschirn offiziell in Verhandlung treten können, wer wäre sein Ansprechpartner gewesen? Einen Freidenkerverband gab es in Polen noch nicht.

Andrzej Niemojewski erkannte dieses Problem ebenfalls. Ehe aber an die Gründung eines polnischen Freidenkerverbandes herangegangen werden konnte, sah er die Notwendigkeit eines allgemeinen polnischen Freidenkerkongresses, auf dem man sich über die Ziele der polnischen Freidenker erst einmal verständigen sollte. Wann er den Entschluss fasste, einen allgemeinen polnischen Freidenkerkongress zu veranstalten, lässt sich nicht mit letzter Sicherheit sagen. Die Leser von *Myśl Niepodległa* wurden jedoch erst in der letzten Novemberausgabe des Jahres 1907 über Termin und Ort in Kenntnis gesetzt. Als Termin wurde der 8. Dezember festgelegt und Versammlungsort war der Saal im Industrie- und Landwirtschaftsmuseum in Warschau. Das Organisationsbüro des Kongresses war im Verlagshaus von *Myśl Niepodległa* untergebracht und ein Mitarbeiter der Zeitschrift wurde mit der Organisation betraut. Die Redaktion von *Myśl Niepodległa* hatte somit den ersten Freidenkerkongress unter ihrer Kontrolle und gab auch das Programm des Kongresses vor. Neben den Projekten wie der „Wolna Gmina" und einer angedachten Gründung einer allgemeinen Freidenkervereinigung sollte auch eine Kommission gewählt werden, die sich dieser Projekte annahm. Schließlich betonte man nochmals die Vorzüge der „Wolna Gmina" gegenüber den Ideen der PLWM.[98] Die Kurzfristigkeit des angesetzten Termins sowie Ort und Organisationsleitung legen den Verdacht nahe, dass es Andrzej Niemojewski und den Mitarbeitern von *Myśl Niepodległa* darum ging, die PLWM von einer Einfluss-

---

[98] Zgromadzenie wolnych myślicieli [Versammlung freier Denker], in: Myśl Niepodległa (1907), Nr. 45, S. 1527-1534.

nahme auf die polnische Freidenkerbewegung herauszuhalten. Dies gelang letzten Endes auch. Die PLWM vermochte es lediglich noch, ein Grußtelegramm zur Veranstaltung zu senden.[99] Ähnlich ging es aber auch vielen anderen polnischen Freidenkern, die ihre Grußadresse über Brief und Telegramm an die Organisatoren abgaben. So kann man wohl nur von einer Versammlung von polnischen Freidenkern aus Kongresspolen sprechen, denn von den 631 Teilnehmern, wovon knapp die Hälfte Frauen waren, kamen nur 154 nicht aus Warschau.[100] Letztlich dürfte der kurz angesetzte Termin auch zu dem nicht vorhandenen Presseecho in deutschsprachigen Freidenkerperiodika geführt haben. Die Tagungsteilnehmer verabschiedeten schließlich eine vier Punkte umfassende Resolution. Hierin fanden sich auch Überlegungen wieder, die aus dem Gründungsdokument zur „Wolna Gmina" bekannt waren, nämlich dass die noch zu gründende Vereinigung der Polnischen Freidenker apolitisch sein solle, dass Freidenker mit Freimaurern nichts gemeinsam haben und dass die organisatorische Führung der polnischen Freidenkervereinigung nicht aus dem Ausland kommen dürfe. Ergänzt wurde dies noch um den vierten Programmpunkt, der Forderung nach der Wiedereinführung der ehemals in Kongresspolen gültigen Gesetze (§ 165 und § 194) aus dem Code Napoleon zur Regelung der Zivilehe. In der dann ebenfalls am 8. Dezember 1907 von den Anwesenden gewählten Kommission zum Aufbau eines Polnischen Freidenkerverbandes, waren neben Andrzej Niemojewski, seiner Frau Stanisława Niemojewska auch einige Mitarbeiter von *Myśl Niepodległa* wie Władysław Rzymowski und Wojciech Szukiewicz, aber kein Mitglied des polnischen Freidenkerbundes aus Paris.[101] Post- und Kommunikationsadresse der Kommission wurde das Verlagshaus von *Myśl Niepodległa* und die Zeitschrift selbst offizielles Organ für die Kommissionsberichte. Die Kommission gab sich das Ziel, die Legalisierung des „Stowarzyszenie Wolnych Myślicieli" (Vereinigung Freier Denker) zu erreichen.[102] Berichte über eine Legalisie-

---

[99] Sprawozdanie (wie Anm. 5), S. 1684-1685.
[100] Ebd. S. 1674.
[101] Ebd. S. 1689-1690.
[102] Ebd. S. 1693.

Myśl Niepodległa

rung der Polnischen Freidenkervereinigung in Kongresspolen finden sich in *Myśl Niepodległa* nicht, wohl aber über die im Juli in Gelsenkirchen gegründete Polnische Freidenkervereinigung, die drei Jahre auf ihre Anerkennung warten musste. Diese sah ihre erfolgreiche Gründung als ein Beispiel für die Regionen Oberschlesien, Preußen und Posen.[103] Ob jedoch auch anderen polnischen Freidenkern die Legalisierung ihrer Vereinigungen im Deutschen Kaiserreich gelang, ist unbekannt.

Myśl Niepodległa war in seinen Anfangsjahren das wohl wichtigste Periodikum für Austrittswillige aus der katholischen Kirche in Kongresspolen. Mit Projekten wie der „Wolna Gmina" bot es den Austrittswilligen einen Organisationsrahmen, der ihnen ein Leben ohne kirchlichen Einfluss ermöglichen sollte. Der Interessentenkreis war ein sehr heterogener und sicherlich kein Club urbaner Intellektueller. Die offenen Bekenntnisse in *Myśl Niepodległa*, darunter auch die Briefe von Arbeitern und in freier Ehe Lebenden, geben der säkularen Bewegung in Kongresspolen sowie in der Emigration oder den anderen Teilungsgebieten ein Gesicht. In vielen Fällen ist es das Gesicht des Arbeiters, des einfachen Menschen, für den die meisten Texte nur schwer verständlich gewesen sein dürften. Mit Andrzej Niemojewski stand der Zeitschrift ein Redakteur vor, dem es ob seiner Nähe zur Arbeiterschaft gelang, auch Teile der Arbeiterschaft für seine Ideen zu begeistern. Dass es letztlich nicht zu einer Etablierung einer „Wolna Gmina" kam, lag an der Intoleranz der bestehenden Gesetze, auch des Toleranzmanifests, aber vielleicht auch an einer verpassten Chance für eine Legalisierung im Jahre 1906. Eine „Wolna Gmina" hätte schließlich dem russischen Staat Ähnliches bieten können wie die Mariaviten, nämlich eine Schwächung der katholischen Kirche. 1906 befand sich die „Wolna Gmina" jedoch nur auf dem Papier und über ihre Reichweite konnten keine konkreten Angaben gemacht werden. 1908 schließlich, als ihr Umfang für jedermann ersichtlich in *Myśl Niepodległa* dokumentiert worden war, war das historische Zeitfenster für eine Anerkennung schon wieder

---

[103] Polska wolna myśl w Niemczech [Das polnische freie Denken in Deutschland], in: Myśl Niepodległa (1910), Nr. 145, S. 1202-1203, S. 1202.

geschlossen, das 1906 noch offen schien. Als Vorbild für ein solches Zeitfenster machte man die Freireligiösen in Deutschland aus, dabei jedoch verkennend, dass diese als Deutschkatholiken schon Jahre vor der Revolution von 1848 über gefestigte Strukturen verfügten, die sie dann zur Anerkennung einiger Freier Gemeinden im Revolutionsjahr nutzen konnten. Der auslösende Moment für die Hoffnung auf Anerkennung war ja das Beispiel der Mariaviten, diese verfügten aber zum Zeitpunkt ihrer Antragstellung auf Legalisierung ihrer Gemeinschaft wie die Deutschkatholiken über gefestigte Strukturen. 1906 wurde schließlich mit den Mariaviten kein Projekt anerkannt, sondern eine Organisation, die bereits über Jahrzehnte hinweg Gemeindearbeit leistete.

Welche Wirkung ging von den frühen Jahren des Erscheinens von *Myśl Niepodległa* auf die säkulare Szene aus? Zunächst einmal isolierte der Wandel Andrzej Niemojewskis, von einem Kritiker der jüdischen Religion hin zu einem glühenden Antisemiten, ihn und seine Zeitschrift von Liberalen und Sozialisten in Kongresspolen. Vor allem der Sprachwissenschaftler Jan Niecisław Baudouin de Courtenay, der in den 1920er Jahren zum Begründer des Polnischen Freidenkerverbandes und zum führenden Freidenker werden sollte, kritisierte in mehreren Publikationen aus dem Jahre 1911 und 1912 den Antisemitismus Niemojewskis.[104] Die Beurteilung Niemojewskis und seiner Zeitschrift *Myśl Niepodległa* als antisemitisch dürfte auch unter deutschen Liberalen und Freidenkern nicht verborgen geblieben sein. Der ehemalige Herausgeber der liberalen Zeitschrift *Krytyka* Wilhelm Feldman publizierte während des Ersten Weltkrieges sein vernichtendes Urteil über *Myśl Niepodległa* als „einer Brutanstalt antisemitischer Arbeit"[105] in deutscher Sprache.

Das frühe religionswissenschaftliche Werk Niemojewskis und die frühen Jahre von *Myśl Niepodległa* blieben jedoch nicht folgenlos. Andrzej Nowicki, einflussreichster polnischer Religionswissenschaftler in der Volksrepublik Polen, nannte das Buch „Bóg Jezus"

---

[104] Jan Niecisław Baudouin de Courtenay / Wilhelm Feldman, O panu Andrzeju Niemojewskim słów kilka [Einige Worte zu Herrn A. Niemojewski], Kraków 1912.
[105] Wilhelm Feldman, Geschichte der politischen Ideen in Polen seit dessen Teilungen, München 1917, S. 428.

eines der wichtigsten Bücher, die er nach seinem Bruch mit der Religion 1932 gelesen habe.[106] Als im Oktober 1957 in Polen die erste Ausgabe der religionskritischen Wochenzeitschrift *Argumenty*, des Organs der „Stowarzyszenie Ateistów i Wolnomyślicieli" (Vereinigung der Atheisten und Freidenker, SAiW) erschien, sah man sich in der Tradition von Niemojewski und *Myśl Niepodległa*.[107] Auf ihrer ersten Konferenz in Bydgoszcz nahmen die Delegierten die Deklaration der SAiW an, die ihn als eines der Vorbilder für polnische Freidenker aufführte.[108] Professor Michał Szulkin aus Warschau würdigte schließlich in seinem ebenfalls in der ersten *Argumenty*-Ausgabe erschienenen Artikel zum 50-jährigen Jubiläum der ersten Tagung polnischer Freidenker die Bedeutung von *Myśl Niepodległa* und erinnerte an das Projekt der „Wolna Gmina", die Teilnahme der polnischen Freidenker an dem Internationalen Freidenkerkongress in Prag und die Nähe der Arbeiter zur Freidenkerbewegung.[109] Noch heute sehen sich freidenkerische polnische Organisationen, wie beispielsweise die „Polskie Stowarzyszenie Racjonalistów", in der Tradition der frühen Phase von *Myśl Niepodległa* und des ersten polnischen Freidenkerkongresses von 1907.[110]

---

[106] Andrzej Nowicki, Nauczyciele [Lehrer], Lublin 1981, S. 126.
[107] Deklaracja Ideowa [Geistige Erklärung], in: Argumenty (1957), Nr. 1, S. 3.
[108] Deklaracja Ideowa, in: Argumenty (1957), Nr. 3, S. 1.
[109] Michał Szulkin, Pięćdziesięciolecie I zjazdu wolnomyślicieli polskich [50. Jahre erster Kongress polnischer Freidenker], in: Argumenty (1957), Nr. 1, S. 9.
[110] Das „Polskie Stowarzyszenie Racjonalistów" richtete die 100-Jahrfeier zum Jubiläum des ersten polnischen Freidenkertreffens am 9.12.2007 in Warschau aus. http://psr.racjonalista.pl/kk.php/d,279/q,Konferencje (Stand: 31.10.2009)

Autoren

Autoren

Ragna BODEN, Dr., 2005 an der Philipps-Universität Marburg mit einer Arbeit zur sowjetischen Indonesienpolitik promoviert; 2006-09 Akademische Rätin in Gießen und Bochum; seit 2009 Staatsarchivrätin am Landesarchiv NRW in Düsseldorf; Publikationsschwerpunkte u.a.: Internationale Beziehungen im Ost-West-Konflikt; Alltagsgeschichte der russländischen Militärsiedlungen (1810-66); Deutschbalten im 19./20. Jh.; Weimarer Nationalversammlung und deutsche Außenpolitik.
E-Mail: boden001@yahoo.de

Hans-Jürgen BÖMELBURG, Prof. Dr.; Studium der Geschichte, Germanistik, Romanistik und Slavistik an den Universitäten Münster, Besançon und Mainz; Promotion 1992; 1994-2003 Wissenschaftlicher Mitarbeiter und Leiter der Bibliothek am Deutschen Historischen Institut Warschau; 2004-2007 Wissenschaftlicher Mitarbeiter am Nordost-Institut Lüneburg; 2005 Habilitation an der Martin-Luther-Universität Halle-Wittenberg mit einer Studie über „Frühneuzeitliche Nationen im östlichen Europa. Das polnische Geschichtsdenken und die Reichweite einer humanistischen Nationalgeschichte (1500-1700)"; seit 2007 Professor für die Geschichte Ostmitteleuropas an der Justus-Liebig-Universität Gießen.
E-Mail: Hans-Juergen.Boemelburg@geschichte.uni-giessen.de

Stefan DYROFF, Dr. 1997-2006 Studium und Promotion an der Kulturwissenschaftlichen Fakultät der Europa Universität Viadrina Frankfurt (Oder), 2007-2011 als Assistent an der Abteilung für Neuste Geschichte und Zeitgeschichte am Historischen Institut der Universität Bern, seit März 2011 Forschungsstipendiat des Schweizerischen Nationalfonds. Veröffentlichungen zur deutsch-polnischen Beziehungsgeschichte sowie zur Geschichte der Regionen Großpolen und Kujawien im 19. und 20. Jahrhundert, u.a. Erinnerungskultur im deutsch-polnischen Kontaktbereich. Bromberg und der Nordosten der Provinz Posen (Wojewodschaft Poznań) 1971-1939, Osnabrück 2007. Aktuelles Forschungsprojekt: Die Bedeutung staatlicher und

Autoren

gesellschaftlicher Akteure für die Praxis des Minderheitenschutzes im östlichen Europa in der Zwischenkriegszeit.
E-Mail: stefan.dyroff@hist.unibe.ch

Jochen ENDERS, M.A., Chemielaborant und Osteuropahistoriker, Absolvent des Zweiten Bildungsweges. Studium (1999-2006) der Geschichte und Politikwissenschaft in Mainz, Warschau und Glasgow. Als Postgraduierter 2007 in Lublin (KUL), Forschungsprojekt zum philosophischen Werk Andrzej Nowickis. Forschungsschwerpunkte: Rezeptionsgeschichte Kazimierz Łyszczyńskis (1634-1689), säkulare Bewegungen in Polen, Friedhofskultur der Freireligiösen (insbesondere in Schlesien).
E-Mail: Jochen_Enders@hotmail.com

Marlene KLATT, Dr., studierte Geschichte und Politikwissenschaft an der Universität Münster; 1985-86 Berufstätigkeit als Restauratorin, 1993-96 Stipendiatin des Westfälischen Instituts für Regionalgeschichte, Münster; 1997-1999 hauptamtlich tätig in der Politik; 2009 Promotion mit einer Arbeit über „Antisemitismus, Judenverfolgung und Wiedergutmachung in Westfalen 1925-1965". Zurzeit arbeitet sie als wissenschaftliche Mitarbeiterin im Forschungsprojekt des Gießener Zentrums Östliches Europa „Die Region Lodz 1933/35-1945. Nationale Radikalisierung und ethnische Segregation".
E-Mail: MarleneKlatt@t-online.de

Sebastian RIMESTAD, Studium der Politik- und Religionswissenschaft in Aberdeen, Tartu und Erfurt. Seit 2007 Promotion an der Universität Erfurt zu den orthodoxen Minderheitskirchen in Estland und Lettland der Zwischenkriegszeit.
E-Mail: sebastian.rimestad@uni-erfurt.de

Ewelina SOKOŁOWSKA, Mgr., studierte Politikwissenschaft und Germanistik an der Uniwersytet Warmińsko-Mazurski in Olsztyn (Allenstein), sie ist Lektorin für deutsche Sprache an der Wyższa Szkoła Policji in Szczytno (Ortelsburg); gegenwärtig bereitet sie eine Dok-

Autoren

torarbeit zum Thema „Katholische kirchliche und gesellschaftliche Organisationen im Ermland in den Jahren 1848-1914" vor.
E-Mail: ewelina_sokolowska@poczta.fm

Anja WILHELMI, Dr., Studium der Neueren Geschichte und Literaturwissenschaft an der Universität Osnabrück, seit 1995 wissenschaftliche Mitarbeiterin am Nordostdeutschen Kulturwerk, Lüneburg, seit 2002 wissenschaftliche Mitarbeiterin am Nordost-Institut (IKGN), Lüneburg; 2005 Dissertation an der Universität Hamburg zum Thema „Lebenswelten von Frauen der deutschen Oberschicht im Baltikum (1800–1939). Eine Untersuchung anhand von Autobiografien" (erschienen: Wiesbaden 2008). Forschungsschwerpunkte: Vergleichende Sozial- und Mentalitätsgeschichte, Gender Studies, Baltikum 19. und 20. Jahrhundert
E-Mail: A.Wilhelmi@ikgn.de

Weitere Titel aus der Reihe Polono-Germanica:

Stadtleben und Nationalität
Ausgewählte Beiträge zur Stadtgeschichtsforschung in Ostmitteleuropa im 19. und 20. Jahrhundert
(Polono-Germanica 1)
Hg. von Markus Krzoska/Isabel Röskau-Rydel
2006, 186 Seiten, Paperback, Euro 32,90/CHF 56,00, ISBN 978-3-89975-081-2

Die Stadtgeschichte Ostmitteleuropas ist im letzten Jahrzehnt verstärkt in den Blick der Wissenschaft geraten. Dieser Band liefert neben einer allgemeinen Einführung in die Thematik sechs Fallstudien und zwei Beiträge zum aktuellen Forschungsstand. Dabei bot sich durch die Konzentration auf das 19. und 20. Jahrhundert die Verbindung zwischen Stadtleben und Nationalität an, handelte es sich doch bei letzterer um ein zentrales Element der europäischen Geschichte jener Zeit.

„In der Summe liegt ein lesenswerter, neue Forschungsperspektiven entwerfender Band zur Stadtgeschichte in den polnischen Gebieten während des 19. Jahrhunderts vor, der Beachtung verdient." (ABDOS-Mitteilungen)

Identitäten und Alteritäten
der Deutschen in Polen in historisch-komparatistischer Perspektive
(Polono-Germanica 2)
Hg. von Markus Krzoska/Isabel Röskau-Rydel
2007, 130 Seiten, Paperback, Euro 19,90/CHF 37,00, ISBN 978-3-89975-107-9

Dieser Band befasst sich mit der Frage nach dem Eigenen und dem Fremden sowie den theoretischen Grundlagen der Begrifflichkeit der Identität. Die Fallstudien, die auf einer Tagung in Görlitz im Jahre 2006 präsentiert wurden, widmen sich Themen vom Mittelalter bis zum 20. Jahrhundert, die sich unter anderem mit den Böhmischen Brüdern in Polen, der evangelischen Gemeinde im Krakau des 19. Jahrhunderts, der deutschsprachigen Literatur über die Provinz Posen, den deutschen Kolonisten in Kongresspolen und der NS-Presse im „Generalgouvernement" befassen.

Ihr Wissenschaftsverlag. Kompetent und unabhängig.

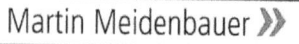

Verlagsbuchhandlung GmbH & Co. KG
Schwanthalerstr. 81 • 80336 München
Tel. (089) 20 23 86 -03 • Fax -04
info@m-verlag.net • www.m-verlag.net

Geschichtsbilder und ihre museale Präsentation
Ausgewählte Beiträge zur Geschichte der Deutschen in Polen in Vergangenheit und Gegenwart
(Polono-Germanica 3)
Hg. von Stefan Dyroff/Markus Krzoska
2008, 212 Seiten, Paperback, Euro 32,90/CHF 58,00, ISBN 978-3-89975-137-6

Das Interesse am Deutschlandbild der Polen hat unter den aus Groß- und Zentralpolen, Galizien und Wolhynien stammenden Deutschen eine historische Dimension. Während es in den Jahren bis 1945 darum ging, welches Bild sich die polnischen von ihren deutschen Mitbürgern machen, so hat sich dies anschließend gewandelt. Das Bild des ehemaligen Nachbarn verschmilzt auf Seite der Polen mit kollektiven Vorstellungen vom Nachbarstaat und seinen Bürgern. Daneben tritt eine polnische (Teil-)Wahrnehmung der ehemaligen deutschen Mitbürger als Verräter, Eindringlinge, Kolonisten oder Volksdeutsche.

Dieses Buch liefert zehn Beiträge zur musealen Darstellung der Geschichte der Deutschen in Polen und zum polnischen Deutschlandbild, die chronologisch von der Sachsenzeit bis zur unmittelbaren Gegenwart reichen.

Lodz jenseits von „Fabriken, Wildwest und Provinz"
Kulturwissenschaftliche Studien über die Deutschen in und aus den polnischen Gebieten
(Polono-Germanica 4)
Hg. von Stefan Dyroff/Krystyna Radziszewska/Isabel Röskau-Rydel
2009, 256 Seiten, Paperback, Euro 39,90/CHF 69,50, ISBN 978-3-89975-184-0

Der Band stellt mit den kulturellen Aktivitäten der neureichen Fabrikanten und gesellschaftlichen Aufsteiger sowie den volkstümlichen und heimatkundlichen Elementen der städtischen Kultur einige bisher kaum beachtete Aspekte in den Mittelpunkt. Dazu kommen Beiträge zur deutsch-jüdischen Literatur aus dem Getto Litzmannstadt sowie der deutschen Erinnerung an Lodz nach 1945. Ergänzt wird dies durch drei weitere Beiträge, die sich mit dem Zeitungswesen und der Heimatliteratur der Deutschen in Großpolen und Galizien beschäftigen.

Dieser Tagungsband liefert zwölf Beiträge über die Deutschen in und aus den polnischen Gebieten und betrachtet neben dem Schwerpunkt Lodz auch Posen, Bromberg und Lemberg.

Ihr Wissenschaftsverlag. Kompetent und unabhängig.

Martin Meidenbauer »

Verlagsbuchhandlung GmbH & Co. KG
Schwanthalerstr. 81 • 80336 München
Tel. (089) 20 23 86 -03 • Fax -04
info@m-verlag.net • www.m-verlag.net

Erinnerungen des Posener Domherren Albert Steuer
(Polono-Germanica 5)
Hg. von Markus Krzoska
2010, 248 Seiten, Paperback, Euro 37,90/CHF 66,00, ISBN 978-3-89975-209-0

Albert Steuer (1874–1967) war katholischer Priester in der Provinz Posen, dem heutigen Wielkopolska. Nach dem Besuch des Priesterseminars in Posen studierte er Philosophie in Münster und wurde anschließend in seiner Heimatstadt Philosophieprofessor am Priesterseminar und 1911 Domherr. Als Deutscher blieb er nach dem deutschen Überfall auf Polen 1939 in seinen Funktionen. 1945 beendete Steuer eine kurzzeitige Flucht und kehrte nach Posen zurück, wo er bald seiner Ämter enthoben und verhaftet wurde. Nach einjährigem Gefängnisaufenthalt wurde er in einem Prozess freigesprochen und verbrachte die letzten Lebensjahre als Geistlicher in einem Nonnenkloster bei Posen.

Die Bedeutung der Erinnerungen Albert Steuers liegt in der Schilderung des katholischen Milieus in Posen mit seinen deutsch-polnischen Spannungen, in den Betrachtungen zum Alltagsleben eines katholischen Priesters mit seinen ausführlichen Reisen durch ganz Europa, aber auch in der Beschreibung der Zeit des Zweiten Weltkriegs und der Jahre danach.

„Krzoska hat ein wichtiges Zeitdokument zugänglich gemacht, das man als solches mit Interesse liest, das aber auch der historischen Forschung zur Regional- und zur regionalen Kirchengeschichte, aber auch zum deutsch-polnischen Verhältnis neue Perspektiven eröffnet." (ABDOS-Mitteilungen)

Ihr Wissenschaftsverlag. Kompetent und unabhängig.

Verlagsbuchhandlung GmbH & Co. KG
Schwanthalerstr. 81 • 80336 München
Tel. (089) 20 23 86 -03 • Fax -04
info@m-verlag.net • www.m-verlag.net

www.ingramcontent.com/pod-product-compliance
Lightning Source LLC
Chambersburg PA
CBHW052100300426
44117CB00013B/2223